こども

きせつのぎょうじ絵じてん

第2版

三省堂編修所 編

三省堂

はじめに

この絵じてんの特長と使いかた

1 年中行事・記念日・祝日を網羅し、月ごとに解説

だれでも知っているひなまつりやお月見のような伝統的な年中行事から、運動会や入園式のような幼稚園の行事、そして主な記念日や祝日までを網羅しました。

2 行事についての素朴な疑問に答える絵辞典

「どうしてお月見をするの?」「ひなまつりはいつ始まったの?」という素朴な疑問に対し、行事の由来や歴史を絵とやさしい文章で解説しました。

3 絵本を見ながら豊かな季節感が身につく

各月の重要な行事について1場面を1〜2ページと絵本のような展開をしているほか、「おつきみ」の項目では「かぐや姫」の物語を、「たなばた」の項目では「おり姫とひこ星」の伝説を紹介するなど、四季の絵本として季節感が身につきます。

4 幼児向けに本文はすべてひらがなを使用

幼児が「自分で読んでみたい」と思った時にも読めるように、大人向けのコーナーやページを除いて、本文はすべてひらがなを使用しています。「月」「日」のみ、読みやすさを考慮し、漢字を使いました。

5 「おうちのかたへ」のコーナーで大人も納得

重要なテーマには、大人向け解説コーナー「おうちのかたへ」で、さらに行事の由来や歴史を詳しく解説しました。大人も知らない情報を提供します。

行事の日にち

日にちがはっきりと決まっている行事については明記しています。またその年によって日にちが変わるものや「〜日から〜日頃に行う」ものは「〜日ごろ」のようにあらわしました。

タイトル

行事名をタイトルにしています。

本文　文字に興味を持った幼児にも読めるように、すべてひらがな表記にしてあります。ここではその行事が何をするものなのか、また行事の由来についてを、子供向けに解説しています。

リード文　子供たちのつぶやきやお母さんたちの意見をもとに、行事名や行事から感じる子供の素朴な疑問をまとめています。

おうちのかたへ　ひとことでは解説できないものの多い行事の由来や歴史、情報について、特に大人向けに補足解説したコーナーです。

タイトル　特に重要な行事は由来や歴史について別に１ページ設けています。タイトルは疑問文形式にしています。

6 道具や食べ物の名前が絵でわかる図鑑

行事で用いる道具や食べ物の名前について特に図鑑ページを設けているほか、その月を代表する植物や果物、虫、気象の名前を、月ごとの「ぎょうじとくらし」として収録しました。

7 親子で楽しめる料理や工作のページ

各月ごとに、季節の「あそび」として、料理や工作のページを設けています。簡単に作れて、親子のコミュニケーションにも役立つものを紹介しています。

8 日本人の原風景「さとやまの くらし」と、「きょうは なんの ひ？ カレンダー」を掲載

月別の年中行事のページが終わった後に、日本人の季節感を育んだ里山をテーマにした特別ページ「さとやまの くらし」と、1年間の行事がひとめでわかる「カレンダー」を掲載しました。

9 巻末の大人向け付録ページも充実

巻末には大人向けのページを設け、「ぎょうじとくらし」の補足解説や四季が生じるしくみ、季語、新暦と旧暦の関係についてなど、豊富な解説を付けました。

4月

P.56～P.59

うづき（卯月）…卯の花の咲く月、の意。

エイプリル・フール…フランスで始まった習慣。フランスでは「4月の魚」と呼ぶ。簡単にひっかかる人を4月にたくさんとれる魚にたとえたもの。

せいめい（清明）…二十四節気のひとつ。春分から約15日後。

どよう（土用）…雑節のひとつ。立夏前の18日間。

こくう（穀雨）…二十四節気のひとつ。

こうさ（黄砂）…この時期、中国の砂漠の砂（黄砂）が強い風で巻きあげられ、海を越えて日本にまで届くことがある。

▲P178 ぎょうじとくらし・解説 より

1日 **エイプリル・フール**《えいぷりるふーる》＊

わるぎの ない うそなら ついても よい ひ。

▼P174 きょうは なんの ひ？ カレンダー より

きょうは なんの ひ？ カレンダー

がつ

- 1 エイプリル・フール
- 6 春の全国交通安全運動 6日～15日
- 7 世界保健デー
- 8 花祭り
- 11 メートル法公布記念日
- 12 世界宇宙飛行の日
- 15 ヘリコプターの日
- 18 発明の日
- 20 逓信《ていしん》記念日
- 21 民放の日
- 23 サン・ジョルディの日／ふみの日
- 29 昭和の日　ゴールデンウィーク 29日～5月5日
- 30 図書館記念日

本文にも掲載されている項目は青色であらわしています。また、行事が何日かにわた

5 がつ

31 30 29 28 27 26 25 24 23 22 21 20 19 18 17 16 15 14 13 12 11 10 9 8 7 6 5 4 3 2 1

こども きせつのぎょうじ絵じてん 第2版 もくじ

はじめに　この絵じてんの特長と使いかた ―― 2

1がつ　うた・おしょうがつ ―― 9

おしょうがつ ―― 10
おしょうがつは どうして おめでたいの? ―― 12
おしょうがつは いつから はじまったの? ―― 13
おしょうがつの あそび これ なあに? ―― 14
おしょうがつの たべもの これ なあに? ―― 16
おしょうがつの もの これ なあに? ―― 17
せいじんのひ ―― 18
こしょうがつ ―― 19
◎ **1がつの ぎょうじと くらし①** ―― 20
◎ **1がつの ぎょうじと くらし②** ―― 22
◎ **1がつの ぎょうじと くらし③** ―― 24
✤ **1がつの あそび**　ななくさがゆを つくろう ―― 24

2がつ　うた・ゆき ―― 25

せつぶん ―― 26
せつぶんは いつ はじまったの? ―― 28
どうして まめを まくの? ―― 29
おにが でてくる おはなし ―― 30
◎ **2がつの ぎょうじと くらし** ―― 32
✤ **2がつの あそび**　おにの おめんを つくろう ―― 34

3がつ　うた・うれしい ひなまつり ―― 35

ひなまつり ―― 36
ひなまつりは いつから はじまったの? ―― 38
ひなまつりの もの これ なあに? ―― 39
そつえんしき ―― 40
はるやすみ ―― 42
◎ **3がつの ぎょうじと くらし①** ―― 44
◎ **3がつの ぎょうじと くらし②** ―― 46
✤ **3がつの あそび**　おひなさまを つくろう ―― 47
✤ **3がつの あそび**　ひしもちサンドを つくろう ―― 48

4がつ　うた・チューリップ ―― 49

にゅうえんしき ―― 50
おはなみ ―― 52
どうして はなみを するの? ―― 54
はなまつり ―― 55
◎ **4がつの ぎょうじと くらし①** ―― 56
◎ **4がつの ぎょうじと くらし②** ―― 58
✤ **4がつの あそび　くさばなで つくろう** ―― 60

5がつ うた・こいのぼり 61
たんごのせっく 62
たんごのせっくには なにを するの? 64
たんごのせっく これ なあに? 65
ははのひ 66
◎5がつの ぎょうじと くらし① 68
✤5がつの あそび こいのぼりを つくろう 69
◎5がつの ぎょうじと くらし② 70
✤5がつの あそび しゃぼんだまを つくろう 72
6がつ うた・あめふり 73
ころもがえ 74
ちちのひ 76
◎6がつの ぎょうじと くらし① 78
◎6がつの ぎょうじと くらし② 80
✤6がつの あそび てるてるぼうずを つくろう 81
✤6がつの あそび いしに えを かこう 82
7がつ うた・たなばたさま 83
たなばた 84
どうして たなばたと いうの? 86
たなばたの おはなし 87
なつやすみ 90
◎7がつの ぎょうじと くらし① 92
◎7がつの ぎょうじと くらし② 94
✤7がつの あそび はなを つかった いろみずぞめ 95
✤7がつの あそび しょちゅうみまいを かこう 96
8がつ うた・うみ 97
おぼん 98
おぼんには なにを するの? 100
どうして おぼんと いうの? 101
はなびたいかい 102
◎8がつの ぎょうじと くらし① 104
✤8がつの あそび つめたい デザートを つくろう 105
◎8がつの ぎょうじと くらし② 106
✤8がつの あそび かいがらで つくろう 108
9がつ うた・あかとんぼ 109
おつきみ 110
どうして つきみを するの? 112
いつ つきみを するの? 113
かぐやひめの おはなし 114
けいろうのひ 118
◎9がつの ぎょうじと くらし① 120
✤9がつの あそび つきみだんごを つくろう 121
◎9がつの ぎょうじと くらし② 122
✤9がつの あそび あなあきえを つくろう 124

10がつ　うた・まっかな あき　125

うんどうかい　126

◎10がつの ぎょうじと くらし①　128

◎10がつの ぎょうじと くらし②　130

✤10がつの あそび　きのみや おちばで あそぼう　132

11がつ　うた・たきび　133

しちごさん　134

しちごさんは いつから はじまったの?　136

◎11がつの ぎょうじと くらし①　137

◎11がつの ぎょうじと くらし②　138

✤11がつの あそび　やきいもを つくろう　139

✤11がつの あそび　みかんの しるの あぶりだし　140

12がつ　うた・ジングルベル　141

クリスマス　142

クリスマスの もの これ なあに?　144

せかいの クリスマス　146

ふゆやすみ　148

おおそうじ　150

としこし　152

◎12がつの ぎょうじと くらし　154

✤12がつの あそび　クリスマス・ツリーを つくろう　156

さとやまの くらし　うた・ふるさと　157

さとやまの はる　158

さとやまの なつ　160

さとやまの あき　162

さとやまの ふゆ　164

むかしの いえ　166

だいどころ　168

くらしの どうぐ　170

✤さとやまの あそび　172

きょうは なんの ひ? カレンダー　173

おうちの かたへ　177

季語一覧　177

ぎょうじとくらし・解説　178

暦と天体の動き　180

暦と季節　182

二十四節気・雑節・七十二候　182

五節供・六曜　183

十干十二支　184

年祝い　185

さくいん　巻末

1がつ

おしょうがつ

（作詞　東くめ／作曲　滝廉太郎）

♪もう　いくつ　ねると
おしょうがつ
おしょうがつには
たこ　あげて
こまを　まわして
あそびましょう
はやく　こい　こい
おしょうがつ

1 がつ 1日～

おしょうがつ

「あけまして おめでとう。」
なにが あけたか わかるかな?
としが あけて きょうから
あたらしい 1ねんの はじまりだ。

1がつついたちは あたらしい
としの はじまりです。しんねんの
あいさつを して、1ねんの
しあわせを いのり、おせち
りょうりや おぞうにを たべます。

おうちのかたへ

正月は年の始まりとして、年中行事のなかで特別な意味を持っています。新しい年の神を迎えるための行事で、各家庭にはそれぞれの祝いかたがありました。

現在では、年中行事を行う家庭が少なくなってきているとはいえ、元旦に「あけましておめでとうございます」とあいさつし、雑煮やおせち料理で新年を祝う光景は、日本中で見られます。時代の流れとともにさまざまな儀式が簡略化され、正月の祝いかたも変わってきていますが、新年を迎え、新しい年の幸せと健康を祈る心は、今も昔も変わりありません。

1
がつ

1日〜

おしょうがつは どうして おめでたいの？

しょうがつには こくもつの
かみさま（そせんの れい）が
やってくると いわれていました。
ひとびとは ほうさくを いのって
かみさまを むかえました。

おうちのかたへ

正月は、新しい年をもたらす「年神（正月様などとも呼ばれる）」という神様を迎える行事です。年神は田を守り、豊作をもたらす穀物の神であると同時に、亡くなった祖先の霊であると考えられていました。

昔の人は、人間が死ぬと、その魂は山へ行き、山の神になると信じていました。その神は、春になると里に降りてきて田の神になり、秋の収穫が終わると、山に帰っていきます。そして毎年正月には、年神として子孫のもとを訪れ、その年の豊作と、子孫の繁栄を約束してくれるものとされていたのです。

おしょうがつは いつから はじまったの？

むかしの ひとは 1ねんを はると あきの ふたつに わけていました。はるの たねまきの まえに ほうさくを いのる ことが 1ねんの はじまりでした。

おうちのかたへ

自然の移りかわりで季節を定めていた時代、人々は１年を大きくふたつの季節に分けてとらえていました。穀物の種をまく春と、収穫をする秋です。１年の始まりは、春の初め（現在の立春の時期）とされていました。

農耕に生きる人々にとって、春は作物が芽を出し、生長しはじめるうれしい季節です。そのため人々は、春の始まり（＝１年の始まり）をおおいに祝い、その年の豊作を祈ったのです。「めでたい」という言葉も、「芽出度い（芽が出る）」から派生したものだといわれています。

1がつ
1日～

おしょうがつの あそび これ なあに?

おしょうがつには、むかしから つたわる あそびが たくさん あります。みんなは いくつ しっていますか?

すごろく

ふくわらい

かるたとり

おうちのかたへ

最近ではあまり見かけなくなりましたが、正月の遊びには、昔から伝わる伝統的なものがいろいろとあります。

室内の遊びには、さいころを振って駒を進める「すごろく」、目隠しをして顔をつくる「福笑い」、言葉に合った札を取りあう「かるた」や「百人一首」などがあります。屋外での遊びの代表的なものは、「凧揚げ」、「こままわし」、「羽根つき」などです。

現在では、これらにかわってボードゲームやバドミントンなどをする人が多いようですが、正月を機会に、日本の伝統的な遊びにもチャレンジしてみてください。

1 がつ

1日~

おしょうがつの たべもの これ なあに?

おせちりょうりや おぞうには おしょうがつの ための めでたい たべものです。それぞれ とくべつな いみを もっています。

おうちのかたへ

屠蘇《とそ》は薬草の入った薬酒で、邪気をはらい、病気をしないために飲むものとされています。

雑煮は本来、大晦日から年神に供えておいたもちや供えものをいっしょに煮たものです。神に供えたものを食べることによって、力を授かることができると考えられていたのです。地域によってみそ仕立てやすまし仕立てなど、味つけや素材に違いが見られます。

おせち料理も、もともとは神様への供えものです。黒豆＝まめで元気に過ごせるように、田作り＝豊作、昆布巻＝よろこぶ、など、それぞれ縁起のよいいわれがあります。

おしょうがつの もの これ なあに？

かどまつや しめかざりは かみさまを むかえるための かざりです。 くまでや はまやは 1ねんの しあわせを ねがって かう ものです。

かどまつ

しめかざり

はまや

おとしだま

ねんがじょう

かがみもち

くまで

だるま

おまもり

おみくじ

おうちのかたへ

家の入り口に立てる門松は、山から降りてくる年神の目印です。注連飾《しめかざ》りは神の宿る場所を示すためのもので、年神に供える鏡餅は、昔は神聖なものとされていた鏡をかたどっています。

子供にとって楽しみなお年玉も、もともとはお金ではなくもちが配られていました。正月に欠かせないものとなっている年賀状は、年始まわりの習慣が簡略化したものです。

縁起ものである破魔矢《はまや》や熊手、だるま、お守りなどは、初詣でをすませた後で買い求めます。おみくじは、1年の吉凶を占うものです。

1がつ
だい2げつようび

せいじんのひ

きれいな ふくや きものを きた
おにいさんや おねえさんが、
たくさん あつまっているよ。
どうして おしゃれを しているの?

はたち（20さい）に なると おとなの
なかまいりを します。
せいじんのひは おとなに なった
ひとたちを おいわいする ひです。

おうちのかたへ

成人式は、若者が一人前の大人になったことを祝う儀式です。現在では、20歳になるとすべての男女が大人であると認められます。

しかし、昔は成人であると認められるためには、自分の能力を証明しなければなりませんでした。地域で決められた労働など、一定の仕事をこなすことができないと、成人として認められなかったのです。元服が男子の成人式とされていた時代もありました。初めて大人の服を着て、冠をかぶることを意味し、初冠《ういこうぶり》、烏帽子着《えぼしぎ》（烏帽子をかぶることから）、初元結《はつもとゆい》（髪を整えることから）などとも呼ばれました。

1がつ 15日ごろ

こしょうがつ

こしょうがつって なにを するのかな?
また おぞうにや おせちりょうりを たべたりするのかな?

むかしは 1がつ15にちごろを しんねんと した ことも ありました。
このころを こしょうがつと いい、あずきがゆを たべたり どんどやきを したりします。

おうちのかたへ

大昔は1月の満月の日である1月15日が1年の始まりでしたが、新しい暦の導入で1月1日に改められました。しかし、古い暦は農作業との結びつきが強かったため、民間では15日を正月として祝う風習も続いていました。そこで、元日を大正月、15日を小正月と呼び、それぞれを祝うようになったのです。

小正月には農耕にまつわる行事が多く、代表的なものに、悪霊をはらうために正月飾りなどを焼く「どんど焼き」、豊作を祈願する「まゆ玉」「もち(餅)花」などがあり、健康と厄除けを祈って小豆粥を食べる風習も見られます。

1がつの ぎょうじと くらし①

1がつ

むつき＊
睦月

1がつの むかしの よびかた。

がんたん
1日

としの はじめの ひ（1がつついたち）の あさ。

はつひので
1日

1がつついたちの あさの ひの での こと。

かきぞめ
2日

しんねんに はじめて ふでで もじを かく こと。

はつもうで
1日

しんねんに はじめて てらや じんじゃに おまいりする こと。

ねんし（ねんが）＊
2日ごろ〜

おせわに なっている ひとの ところへ しんねんの あいさつに いく こと。

はつに
初荷　2日ごろ〜

そのとし はじめて、しごとの にもつを はこぶ こと。

＊の項目は178〜179ページの解説を参照してください。

しごとはじめ

4日ごろ

しょうがつやすみが おわり、しごとを はじめる ひ。

ししまい

としの はじめに わるい ものを おいはらうための まい。

しょうかん*

6日ごろ　小寒

さむさが きびしくなりはじめる じき。

かがみびらき

11日

おそなえの かがみもちを おしるこなどに して たべる ひ。

はつゆめ

そのとし さいしょに みる ゆめ。

かんのいり

6日ごろ　寒の入り

しょうかんの ひから ますます さむい じきに はいる こと。

どよう*

17日～2がつ3日ごろ　土用

こよみの うえで きせつが ふゆから はるへと かわる じき。どようは ねんに 4かい ある。

1がつの ぎょうじと くらし②

だいかん＊

20日ごろ　大寒

1ねんで さむさが いちばん きびしい じき。

ふゆび

きおんが 0ど いかに さがる、とても さむい ひの こと。

かまいたち

さむい ときに、なにも して いないのに できる きりきず。

かまくら

ゆきを まるい かたちに つみあげて なかを くりぬいた、いえのような もの。

すいせん

しろと きいろの ラッパ《らっぱ》のような かたちの はなが さく。

みかん

ふゆに おいしい、オレンジ《おれんじ》いろの あまずっぱい くだもの。

あらまきざけ

おしょうがつに たべるために しおづけに した さけ。

みのむし

きの はや こえだで つくった すの なかに すむ がの なかま。

＊の項目は178～179ページの解説を参照してください。

ゆきとこおり

ゆきや こおりには いろいろな しゅるいの ものが ある。

みぞれ
あめの まじった ゆき。

しも
さむい ひに くさや つちに つく ちいさな こおりの つぶ。

じゅひょう
きりが ひえて きの えだなどに こおりついた もの。しろい はなのように みえる。

ゆき
そらから ふる やわらかい こおりの つぶ。

しもばしら
つちの なかの みずが こおって できる こおりの はしら。

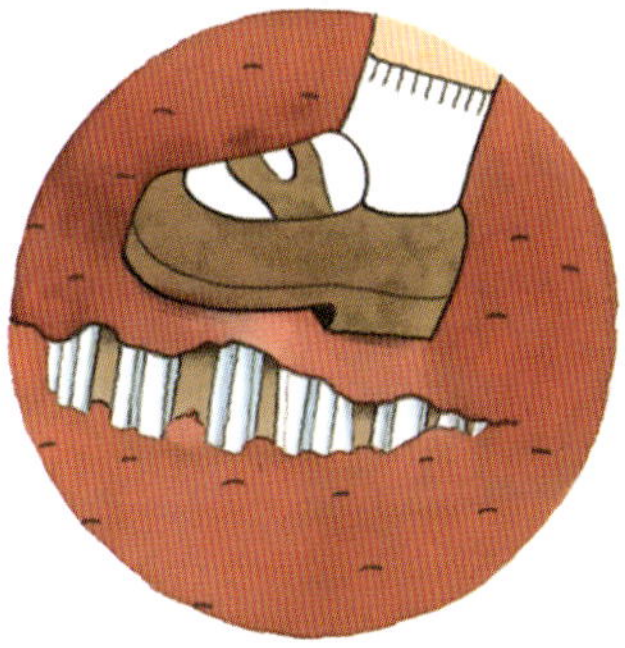

ひょう
そらから ふる かたい こおりの つぶ。

つらら
あめや ゆきの しずくが ぼうの ような かたちに こおった もの。

あられ
そらから ふる こおりの つぶ。ゆきよりも かたく ひょうよりも やわらかい。

1がつの ぎょうじと くらし③

はるのななくさ＊

春の七草

1がつなのかに おかゆに いれて たべると びょうきを しないと いわれている。

＊の項目は178～179ページの解説を参照してください。

1 がつの あそび

ななくさがゆを つくろう

ななくさがゆは、からだに やさしい おかゆだよ。みんなで つくって たべよう。

つくりかた

❶ おゆに しおを いれ、ななくさを ゆでる。

❷ ❶を つめたい みずに とる。

❸ ❷の みずけを かるく しぼる。

❹ ❸の ななくさを こまかく きざむ。

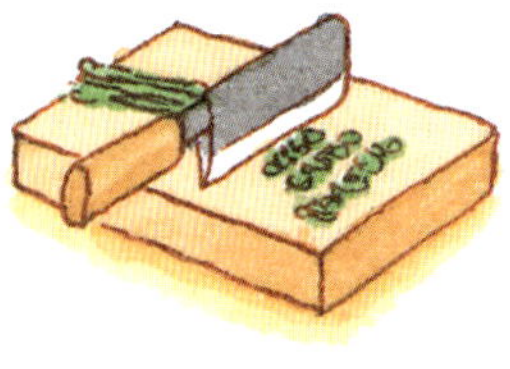

❺ なべに ごはんと みずを いれて にる。

❻ しおと もちを くわえる。

❼ ななくさを まぜて できあがり。

よういする もの

はるのななくさ
ごはん
もち
しお

2がつ

ゆき

（文部省唱歌）

♬ゆきや こんこ
あられや こんこ
ふっては ふっては
ずんずん つもる
やまも のはらも
わたぼうし かぶり
かれき のこらず
はなが さく

2がつ
3日ごろ

せつぶん

ようちえんで　まめまきを　したよ。
せんせいが　おめんを　かぶって
おにの　やくに　なったんだ。
おにって　まめが　きらいなの？

せつぶんは　わるい　おにを
おいはらう　ぎょうじです。
「おには　そと、ふくは　うち。」
おおきな　こえで　いいながら
まめを　まきます。

おうちのかたへ

節分の夜の豆まきは、全国的にさかんな行事のひとつです。現在では、節分といえば立春の前日を指しますが、本来「節分」は年に４回あります。

節分とは、文字通り、季節が分かれる節目を指す言葉です。もともとは、暦のうえで四季の分かれ目にあたる立春、立夏、立秋、立冬のそれぞれ前日を節分といいました。しかし、古い自然暦の時代には春（現在の立春の時期）から新しい年が始まるとされていたため、立春の前日は、１年の最後の日として特別な意味を持つようになり、この日だけを「節分」というようになったのです。

2 がつ

3日ごろ

せつぶんは いつ はじまったの？

むかしの ひとは びょうきや
わるい ことを おにに たとえ、
いえから おいはらうために
まめまきを したり、やいかがしを
かざったりしました。

おうちのかたへ

節分の行事のもとになったのは、中国から伝わった「鬼やらい（追儺《ついな》）」です。病気や災害の象徴である鬼を追いはらう行事で、公の儀式として毎年旧暦の大晦日に行われました。

その後、鬼やらいは形を変えて一般化していき、現在のような豆まきの行事ができあがりました。新しい年を迎えるにあたり、悪いもの（鬼）を追いだし、よいもの（福）を招きいれたいという願いが込められています。

鬼を追いはらうために、豆まきのほか、鬼の嫌いな柊《ひいらぎ》の枝にいわしの頭を刺した「やいかがし」を飾る風習もあります。

2
がつ
3日ごろ

どうして まめを まくの？

まめには わるい ものを おいはらう ちからが あり、まめを じぶんの としより ひとつ おおく たべると、びょうきを しないと いわれて います。

おうちのかたへ

節分の夜に豆をまくのは、豆に宿った穀物の霊の力で鬼を追いはらうことができると考えられていたためです。

戸外に向かって「鬼は外」、家の中に向かって「福は内」と大きな声をかけながら豆をまく方法が一般的ですが、地方によっては「鬼は内、福も内」と唱えたり、年男が豆をまいたりするなど、独自の風習も見られます。

節分の豆には、炒った大豆を使います。豆をまいた後は、自分の年齢と同じか、ひとつ多い数の豆を食べ、１年間の無病息災を祈ります。

おにが でてくる おはなし

おには そうぞうの せかいの いきものです。にほんの むかしばなしにも、いろいろな おにが でてきます。わるい おにが おおいのですが、なかには まぬけな おにや、なきむしの おにも います。

ももたろう

ももたろうは いぬ、さる、きじと ちからを あわせて、わるい おにを たいじしました。

いっすんぼうし
いっすんぼうしは、おひめさまを
さらおうとした　おにを、はりの
かたなで　やっつけました。

おうちのかたへ

鬼は頭に角を生やし、牙をむきだした恐ろしい姿に描かれます。日本に古くから伝わる昔話や各地の祭りにも、鬼はひんぱんに登場します。

節分の鬼に代表される「悪い鬼」は、病気や災い、人間の醜い心などを象徴しているものです。しかし、鬼がすべて悪者とされているわけではありません。日本の民間伝承のなかには、やさしい鬼や、人間を守ってくれる鬼なども数多く見られます。

節分をきっかけに、鬼が出てくるいろいろな話を、子供に聞かせてあげるのもよいでしょう。

2がつの ぎょうじと くらし

きさらぎ＊
如月

2がつの むかしの よびかた。

りっしゅん＊
4日ごろ 立春

こよみの うえで はるが はじまる ひ。

はつうま＊
5日ごろ 初午

2がつの さいしょの うまのひに おこなう いなりじんじゃの おまつり。

はりくよう＊
8日 針供養

おれた はりを とうふに さして くようする ぎょうじ。12がつに おこなう ところも ある。

けんこくきねんのひ
11日

にほんの くにを あいする こころを もとうという ひ。

バレンタインデー《ばれんたいんでー》＊
14日

おんなのひとが すきな おとこのひとに チョコレート《ちょこれーと》を おくる ひ。

うすい＊
19日ごろ 雨水

ゆきや こおりが とけ、ゆきが あめに かわる じきの こと。

てんのうたんじょうび
23日

いまの てんのうへいかの たんじょうび。

＊の項目は178〜179ページの解説を参照してください。

うるうどし

2がつが 29にちまで ある とし。4ねんに いちど ある。

はるいちばん

りっしゅんの あとに ふく つよい みなみかぜ。

こち

東風

ひがしから ふいてくる はるかぜ。

ひかりのはる

光の春

ひざしが つよくなっても、さむさが きびしい じきの こと。

ふくじゅそう

さむい きせつに きれいな はなを さかせる。

おおいぬのふぐり

みちばたや あきちなどに さく ちいさな みずいろの はな。

うめ

はるの はじめに よい かおりの はなが さく。

うぐいす

きれいな こえで ホーホケキョ《ほーほけきょ》と なく とり。

おにの おめんを つくろう

まめまきの ときに かぶる おにの おめんを つくるんだ。いろいろな かおを つくってみよう。

ようい する もの

あつがみ
クレヨン《くれよん》
わゴム《ごむ》

かたがみ

かたがみ

つくりかた

❶ かたがみを うすい かみに うつす。

❷ ❶を かたちどおりに きりぬく。

❸ ❷を あつがみに かさね、まわりを なぞる。

❹ ❸の あつがみに かおを かき、いろを ぬる。

❺ まわりの せんに そって きりぬく。

❻ めの ぶぶんに あなを あける。

❼ ●の まわりに セロハンテープ《せろはんてーぷ》を はる。

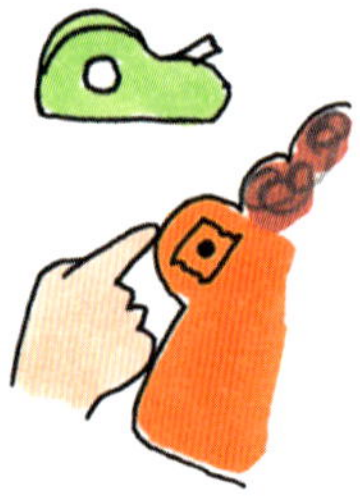

❽ ●の ぶぶんに あなを あける。

❾ ❽で あけた あなに わゴム《ごむ》を とおす。

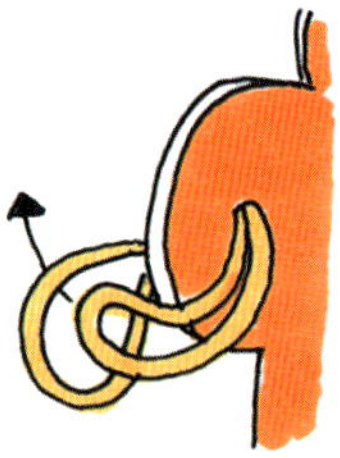

❿ できあがり。

⓫ いろいろな かおの おにを つくってみよう。かおの いろや かみのけの かたちを かえると たのしいよ。

3
がつ

うれしい　ひなまつり

（作詞　サトウハチロー／作曲　河村光陽）

♬あかりを　つけましょ
ぼんぼりに
おはなを　あげましょ
ももの　はな
ごにんばやしの　ふえ　たいこ
きょうは　たのしい
ひなまつり

3
がつ
3日

ひなまつり

ひなまつりは　おんなのこの
しあわせを　ねがう　ぎょうじで、
もものせっくとも　よばれています。
おひなさまを　かざって、かぐや
のりものも　ならべます。あられや
ひしもちを　たべて　いわいましょう。

ひなだんに　にんぎょうが　たくさん
ならんでいるよ。みんな　なまえが
ついているんだ。ぼんぼりは
どれだか　わかるかな？

三人官女（向かって左から）加之銚子《くわえのちょうし》、三宝《さんぽう》、長柄 銚子《ながえのちょうし》　五人囃子《ばやし》（向かって左から）太鼓、大 鼓《おおつづみ》、小鼓《こつづみ》、笛、謡《うたい》　随身（向かって左から）右大臣若人、左大臣老人　仕丁《じちょう》（向かって左から）台傘《だいがさ》、沓台《くつだい》、立傘《たてがさ》
a桃花酒《とうかしゅ》（白酒）　b高杯《たかつき》　c菱台《ひしだい》　d御膳《ごぜん》　e右近の橘《うこん》　f左近の桜《さこん》　g御駕籠《おかご》　h御所 車《ごしょぐるま》　その他はひな道具揃

おうちのかたへ

「桃の節供（句）」とも呼ばれるひな祭りは、女の子の成長と幸福を願う行事です。この日が女の子の節供(句)と考えられるようになったのは、江戸時代のことです。

ひな壇には男女２体の内裏びな（天皇・皇后に似せた人形のことで、男女２体で「お内裏さま」という。）をはじめ、お供の人形や調度品を飾り、桃の花やひしもちなどを供えます。飾りかたは、地方によって少しずつ異なります。「ひな」という言葉はもともとはひな形《がた》（そっくりな）、ミニチュアなどという意味で、江戸時代の中頃までは男女２体のものしかありませんでした。

3がつ
3日

ひなまつりは いつから はじまったの？

むかしは ひなまつりの ひに、かみの
にんぎょうを かわに ながしていました。
わるい ことも いっしょに
ながれていくと かんがえられて
いたのです。

おうちのかたへ

昔、中国では3月最初の巳《み》の日に、水辺で災厄をはらう行事が行われていました。また古代から日本では、農耕の季節を迎えるこの時期に、海や山で1日を過ごすならわしがありました。このふたつが結びつき、紙の「人形《ひとがた》（人間の形をしたもの）」で体をなで、自分のけがれを移して水に流す行事が生まれました。

室町～江戸時代にかけて簡単な人形《ひとがた》にかわって美しい人形《にんぎょう》がつくられるようになり、川に流す風習も一部の地方を除いて失われていきました。人形《にんぎょう》は部屋に飾るものへと役割を変え、より豪華なものになっていったのです。

ひなまつりの もの これ なあに？

ひなまつりには、ひなにんぎょうと
いっしょに もものはなや きれいな
おかしを かざります。はるらしい
ごちそうも いっぱいです。

ひなあられ

ひしもち

さくらもち

しろざけ

もものはな

ぼんぼり

ちらしずし

はまぐりの
おすいもの

おうちのかたへ

ひな祭りには、季節の素材を生かした春らしいごちそうをつくります。ひしもちなどのお供えも、この日ならではのものです。

ひしもちは、かつて緑と赤の部分に、薬効成分のあるよもぎとくちなしの実が使われていました。ひなあられは、野外で神をまつる際の保存食としてつくられたのが始まりです。あられには、春夏秋冬をあらわす桃色、緑、黄、白の４色がつけられています。

白酒は甘いにごり酒です。古くは桃の花の酒（桃花酒《とうかしゅ》）を飲んでいましたが、室町時代ごろから白酒が飲まれるようになりました。

3
がつ
25日ごろ

そつえんしき

きょうで ようちえんは おしまい。
せんせいとも さようならを
しなくちゃ いけないんだって。
ちょっぴり かなしいな。

きょうは そつえんしきです。
せんせいから そつえんしょうしょを
もらいます。いっしょに あそんだ
ともだちや せんせいに、
ありがとうを いいましょう。
4がつからは しょうがくせいです。

おうちのかたへ

幼稚園・保育園を終えて卒園証書を手にすることは、子供にとって大きな感動です。ひとりひとり名前を呼ばれ、先生から証書を受けとることは、ひとつのことをなしとげたという自信に結びつくのではないでしょうか。

卒園、小学校入学に伴い、仲のよかった友だちと離ればなれになるなど、子供にとってつらいこともあるかもしれません。そんなときは、卒園はお別れではなく、次のステップの始まりであるということを子供に話してあげましょう。４月から始まる小学校生活のことなどに目を向けさせるようにするとよいでしょう。

3
がつ
26日ごろ〜

はるやすみ

しんがつきが はじまるまで、ようちえんや がっこうは はるやすみです。あたらしく ようちえんや しょうがっこうに はいる こは、かばんや もちものを そろえます。

4がつから ようちえんに いくんだ。ようちえんの かばんと ふくも そろったよ。うれしいから ずっと きていたいな。

おうちのかたへ

春休みは、新学期や入園・入学の準備をする期間です。とくに４月から幼稚園や小学校に通いはじめる子供にとっては、期待と不安でいっぱいの時期です。制服や学用品などの準備を整えると同時に、子供と過ごす時間をしっかり確保し、新しい環境に対する子供の不安を取りのぞいてあげるようにしましょう。

また、日々春めいてくるこの季節は、子供たちが外で遊ぶのに最適です。冬の間は見られなかった草花や虫などに直接触れて、季節の移りかわりや生命の誕生を肌で感じさせてあげてください。

3がつの ぎょうじと くらし①

やよい＊

弥生

3がつの むかしの よびかた。

はるのぜんこくかさいよぼううんどう

1日～7日

かじを おこさないように ちゅういしようという うんどう。

みみのひ

3日

みみの たいせつさを みんなに しらせる ひ。

けいちつ＊

6日ごろ　啓蟄

ふゆごもりを していた むしが はいだしてくる じきの こと。

ホワイトデー《ほわいとでー》

14日

おとこのひとから おんなのひとへ バレンタインデー《ばれんたいんでー》の おかえしを おくる ひ。

おひがん＊

18日～24日ごろ　お彼岸

なくなった せんぞの くようを しに はかまいりに いく。

しゅんぶん＊

21日ごろ　春分

ひるとよるの ながさが おなじに なる ひ。

しゅんぶんのひ

21日ごろ

しぜんや いきものを たいせつに しようという ひ。

＊の項目は178～179ページの解説を参照してください。

22日～4がつ27日ごろ

イースター《いーすたー》*

キリスト《きりすと》きょうの　おまつり。いろを　ぬった　たまごを　かざ　くなどで　おくりあう。

しおひがり

しおの　ひいた　すなはまで　かいなどを　とる　こと。

はなぐもり

さくらの　はなが　さく　ころの　うすく　くもった　てんき。

三寒四温

さんかんしおん

さむい　ひが　みっかほど　つづいた　あと、あたたかい　ひが　よっかほど　つづく　きこう。

菜種梅雨

なたねづゆ

なのはなが　さく　ころに　ふり　つづく　あめの　こと。

もものはな

ひなまつりの　ひに　かざる　こい　ピンク《ぴんく》いろの　はな。

たんぽぽ

みちばたや　のはらで　さく　きいろい　はな。

じんちょうげ

よい　においの　する　ちいさな　はなが　かたまって　さく。

3がつの ぎょうじと くらし②

よもぎ

くさもちの ざいりょうに なる くさ。

いちご

まわりに たくさん たねが ついた あかい いろの くだもの。

はるの さんさい

おひたしや てんぷらなどに して たべると おいしい。

ふきのとう

ぜんまい

わらび

たらのめ

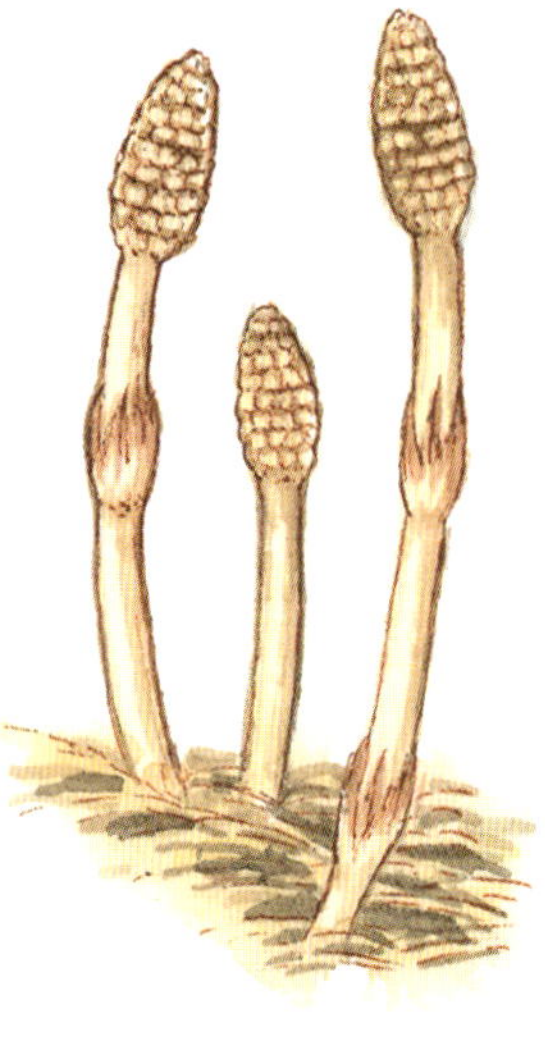
つくし

せり

のびる

＊の項目は178～179ページの解説を参照してください。

おひなさまを つくろう

おりがみで おひなさまを つくってみよう。おびなと めびな、きれいに ならんだかな？

よういする もの

おりがみ
ペン《ぺん》

つくりかた

① おりがみを いちど さんかくに おり、おりすじを つけて ひらく。

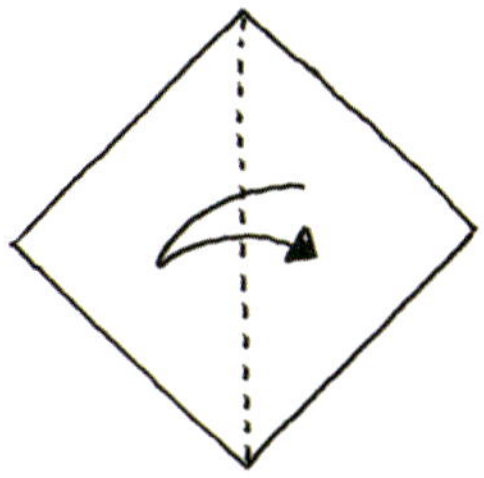

② さゆうの かどを ❶の おりすじに あわせるように おる。

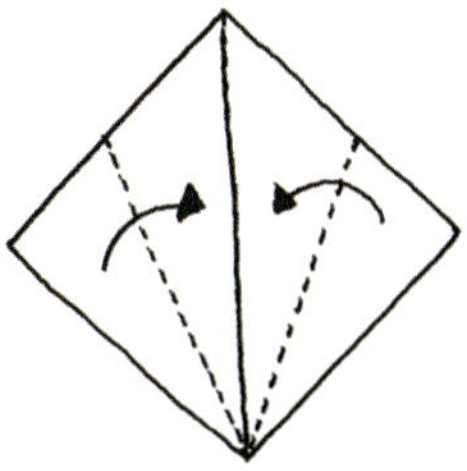

③ ……の ところから うえの かどを ずのように おりさげる。

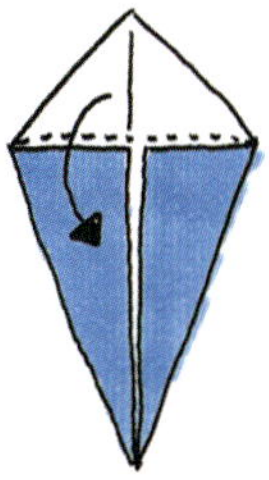

④ ……の ところから したの かどを ずのように おりあげる。

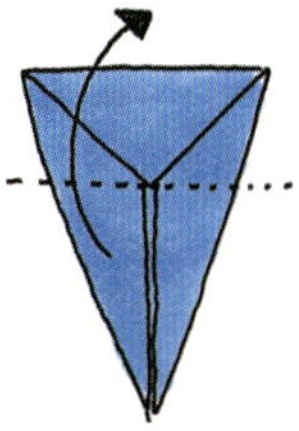

⑤ さゆうの かどを かさねるように おる。

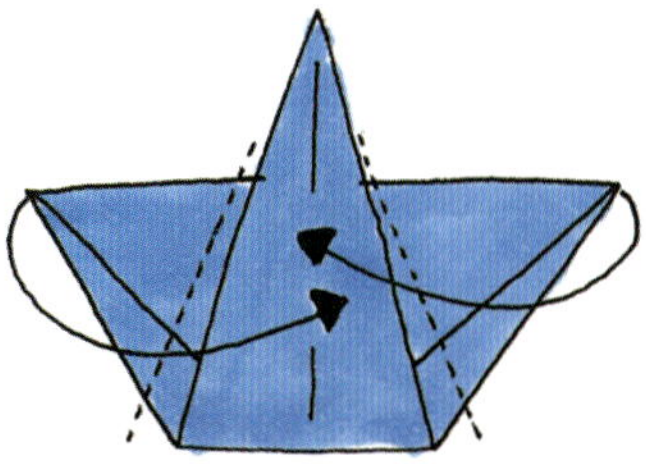

⑥ うえの かどを ずのように だんおりに する。

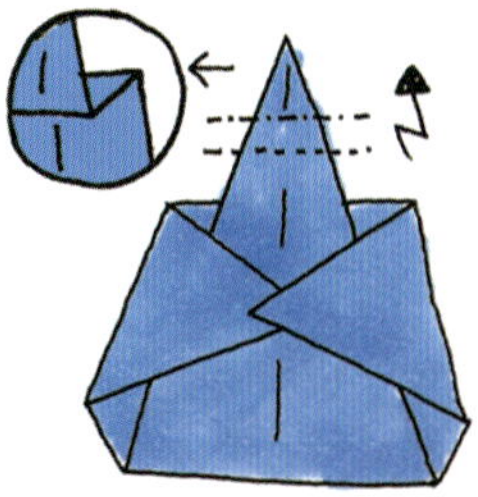

⑦ したの ぶぶんを -·-·- の ところで うしろへ おる。

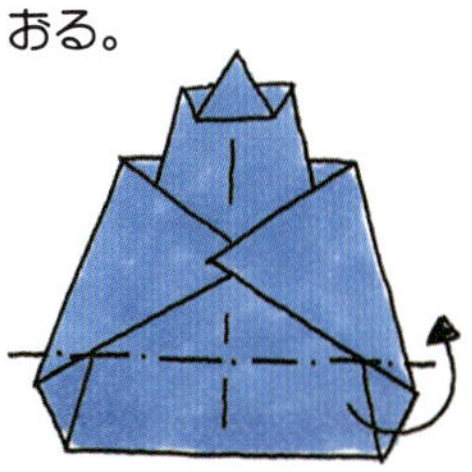

⑧ かおを かいて おびなの できあがり。

⑨ ❺まで おなじように おる。

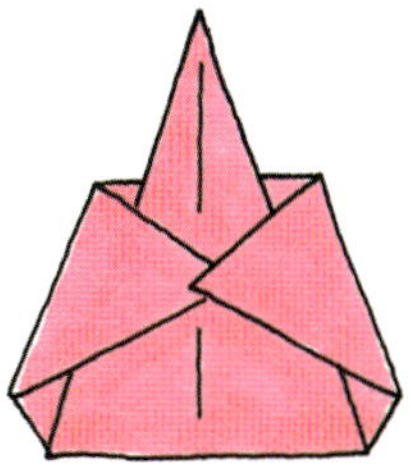

⑩ -·-·-の ところで うえの かどを ずのように うしろへ おる。

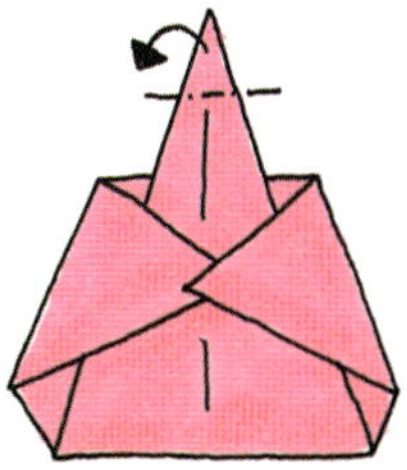

⑪ ❼と おなじに -·-·-の ところで したの ぶぶんを うしろへ おる。

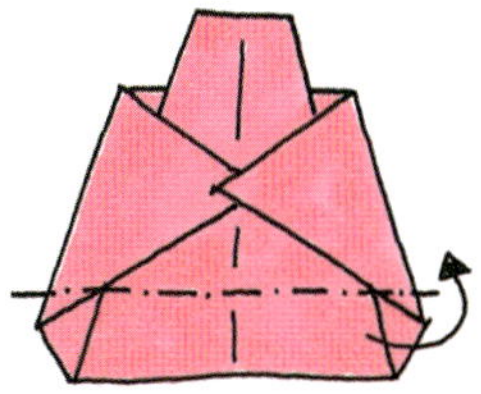

⑫ かおを かいて めびなの できあがり。

ひしもちサンド《さんど》を つくろう

ひなまつりの ひは、りょうりも くふうしよう。つくるのも、たべるのも たのしいね。

いちごジャム《じゃむ》の つくりかた

ようい する もの
いちご
さとう
レモン《れもん》じる
パン《ぱん》
レタス《れたす》
ハム《はむ》
きゅうり
チーズ《ちーず》
バター《ばたー》

① いちごを あらい へたを とる。

② いちごと さとうを なべに いれる。

③ かきまぜながら よわびで にる。

④ いちごを つぶしながら、20ぷんほど にる。

⑤ レモン《れもん》じるを くわえる。

⑥ さらに 10ぷんほど にこむ。

⑦ できあがり。

ひしもちサンド《さんど》の つくりかた

① パン《ぱん》に ジャム《じゃむ》を ぬって、はさむ。

② べつの パン《ぱん》 3まいに それぞれ バター《ばたー》を ぬっておく。

③ ❷の うち、2まいのあいだに、レタス《れたす》とハム《はむ》を はさむ。

④ そのうえに バター《ばたー》を ぬり、きゅうりと チーズ《ちーず》を のせる。

⑤ ❹の うえに ❷で のこしておいた 1まいを かぶせる。

⑥ ❶と ❺を かさねる。

⑦ ひしがたに きりそろえる。

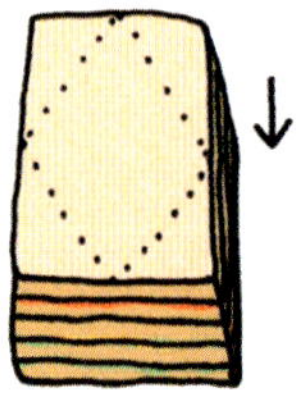

⑧ きれいに もりつけて できあがり。

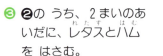

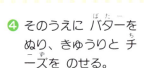

4
がつ

チューリップ《ちゅーりっぷ》

（作詞　近藤宮子／作曲　井上武士）

♬さいた　さいた
チューリップ《ちゅーりっぷ》の　はなが
ならんだ　ならんだ
あか　しろ　きいろ
どのはな　みても
きれいだな

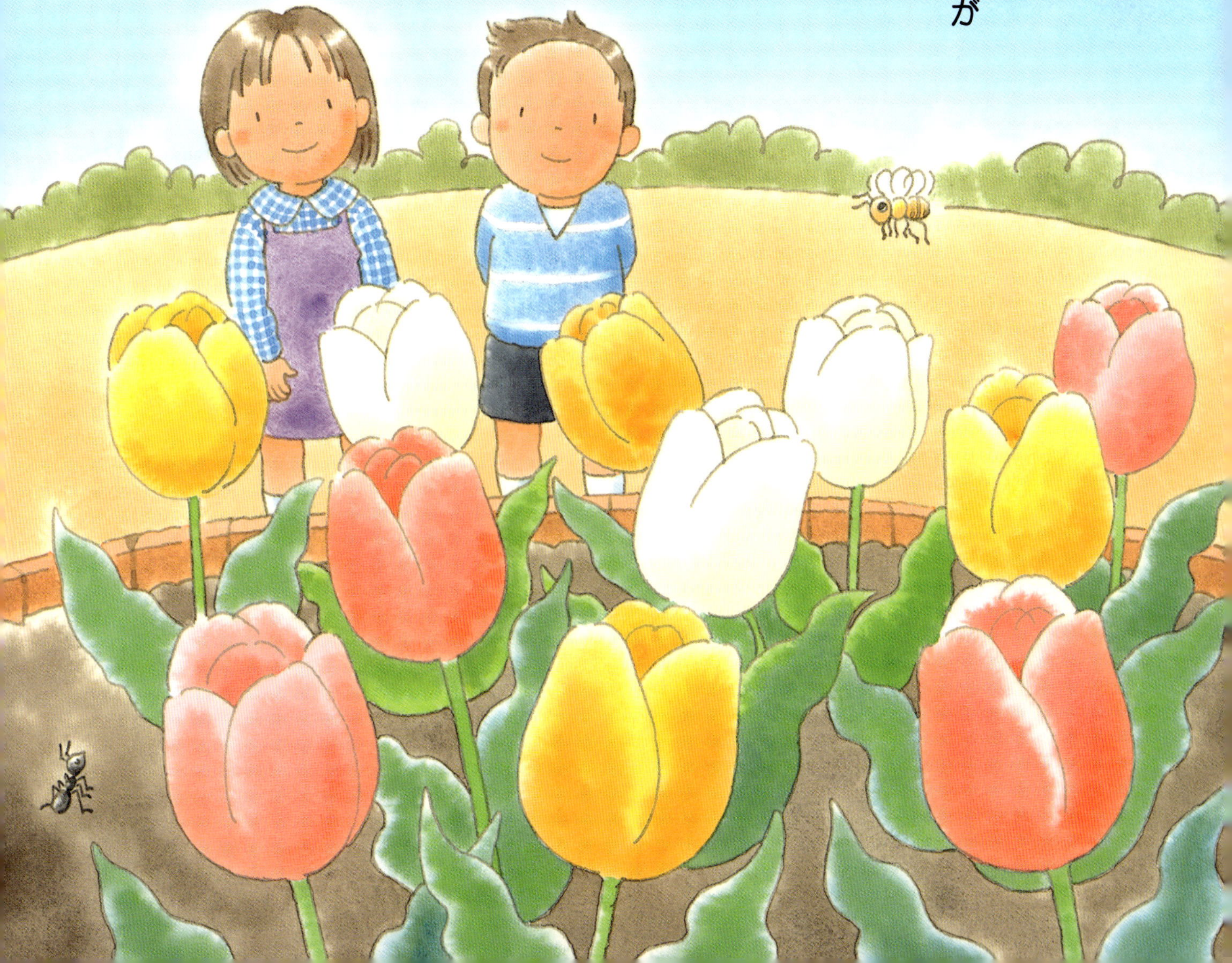

4がつ
6日ごろ

にゅうえんしき

きょうから、ようちえんが
はじまったよ。はやく
おともだちを　つくって　いっしょに
なかよく　あそびたいな。

しんがっきが　はじまりました。
あたらしく　ようちえんに　はいる
こには、にゅうえんしきが　あります。
ようちえんには　やさしい　せんせいや、
あしたから　いっしょに　あそぶ
おともだちが　たくさん　います。

おうちのかたへ

幼稚園・保育園に入園し、家族と離れて過ごすことは、ほとんどの子供にとって初めての体験です。楽しいことばかりではないかもしれませんが、幼稚園・保育園生活は、協調性を身につけていくうえで重要なものです。

最初のうちは緊張の連続で、園での生活を楽しむ余裕などないかもしれません。入園後は、帰宅後の子供のようすにじゅうぶん注意し、いつもと変わったところがあればわけをたずね、話を聞いてあげましょう。子供が新しい環境になじむまで、親は決してあせらず、あたたかい目で見守ってあげることが大切です。

4 がつ

はじめごろ

おはなみ

みんなで おはなみを したよ。
きれいな さくらで いっぱいだね。
うちの チューリップ《ちゅーりっぷ》を みるのも
おはなみかなあ。

さくらは ふるくから にほんで
したしまれてきました。
さくらの はなが まんかいに
なったら、おべんとうや おかしを
もって みんなで おはなみに
いきましょう。

おうちのかたへ

桜の花を眺めながら屋外で食事を楽しむ花見は、日本独自の風習です。桜＝春、というイメージは、日本に住むほとんどの人に共通しているものではないでしょうか。

もともと「サクラ」とは、今でいう桜の木の名称ではありませんでした。「サクラ」の「サ」には田の神、「クラ」には神座《かみくら》（神のいる場所）という意味があり、田の神の宿るところである常緑樹や、花の咲く木をあらわしました。桜の花は稲の花に見立てられ、秋の実りの占いに用いられていたことなどから、「サクラ」の代表的なものとして、桜を指すようになったのです。

4がつ はじめごろ

どうして はなみを するの？

はなみは さくもつの かみさまを
むかえるための ものでした。
ひとびとは かみさまと いっしょに
えんかいを すると かんがえていました。

おうちのかたへ

現在は、個人の都合に合わせて花見を楽しんでいますが、花見は本来、農耕にまつわる神事のひとつとして始まったもので、古代から決まった日に行われていました。花見の日は神を迎えるために農作業を休まなければならない日でした。

桜の木は、春になると山から降りてくる田の神がとどまるところと考えられていました。人々は桜の木の下で神を迎え、料理や酒でもてなして、その年の豊作を祈ったのです。神と人間が一緒に飲んだり食べたりすることは、田の神を迎えるための大切な行事でした。

4がつ8日

はなまつり

きょうは　はなまつり。
おしゃかさまの　たんじょうびです。
おどうに　おはなを　かざり、
おしゃかさまの　ぞうに
あまちゃを　かけて
いわいます。

はなまつりは　おしゃかさまの
おまつりなんだって。
おしゃかさまって　だれだろう？
おはなが　すきな　ひとなのかな？

おうちのかたへ

中国から伝わった花祭りは、仏教の祖である釈迦《しゃか》の誕生日を祝う行事です。灌仏会《かんぶつえ》、仏《ぶっ》生会《しょうえ》などとも呼ばれています。

この日、寺院などでは花で飾った花御堂《はなみどう》をつくり、その中に釈迦の像を安置します。人々はこの像にひしゃくで甘茶《あまちゃ》をかけ、無病息災などを祈ります。

この行事の由来は、釈迦が生まれたとき、天から降りてきた龍王が、清い水を釈迦に注ぎかけて産湯を使わせたという伝説です。花御堂は、釈迦が生まれた花園をかたどったもの、甘茶は龍王が注いだ水のかわりです。

4がつの ぎょうじと くらし①

4 がつ

うづき＊
卯月

4がつの むかしの よびかた。

せいめい＊
5日ごろ 清明

きこうが よく、くさきが いきいきと そだつ じきの こと。

はるのぜんこくこうつうあんぜんうんどう
6日〜15日

こうつうじこに きを つけようと よびかける しゅうかん。

こくう＊
20日ごろ 穀雨

あたたかい あめが ふり、こくもつが そだつ じきの こと。

エイプリル《えいぷりる》・フール《ふーる》＊
1日

わるぎの ない うそなら ついても よい ひ。

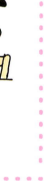

どよう＊
18日〜5がつ5日ごろ 土用

こよみの うえで きせつが はるから なつへと かわる じき。どようは ねんに 4かい ある。

イースター《いーすたー》
3がつ22日〜4がつ27日

P.45

サン《さん》・ジョルディ《じょるでぃ》のひ
23日

ほんや はなを おくりあう ひ。

ゴールデンウィーク《ごーるでんうぃーく》
29日〜5がつ5日ごろ

P.68

＊の項目は178〜179ページの解説を参照してください。

29日

しょうわのひ
昭和の日

しょうわ じだいを ふりかえり、へいわの たいせつさを たしかめる ひ。

はるさめ
春雨

しとしとと ながく ふりつづく はるの あめ。

かんのもどり
寒の戻り

あたたかくなってきた ころに、さむさが もどってくる こと。

おぼろづき

ぼんやりと かすんで みえる つき。はるの よるに おおい。

なだれ

つもった ゆきが やまを すべりおちてくる こと。

こうさ*
黄砂

つよい かぜで ちゅうごくの ほうから にほんへ とんでくる きいろい すな。

チューリップ《ちゅーりっぷ》

はるに さく。あか、しろ、きいろなど いろいろな いろの はなが ある。

さくらそう

はるに さく ピンク《ぴんく》いろの ちいさな はな。

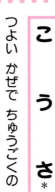

さくら

こうえんなどに あり、あたたかくなる ころ はなが さく。

さくらぜんせん

さくらの はなが さく じきを にっぽんの ちずに しるした もの。

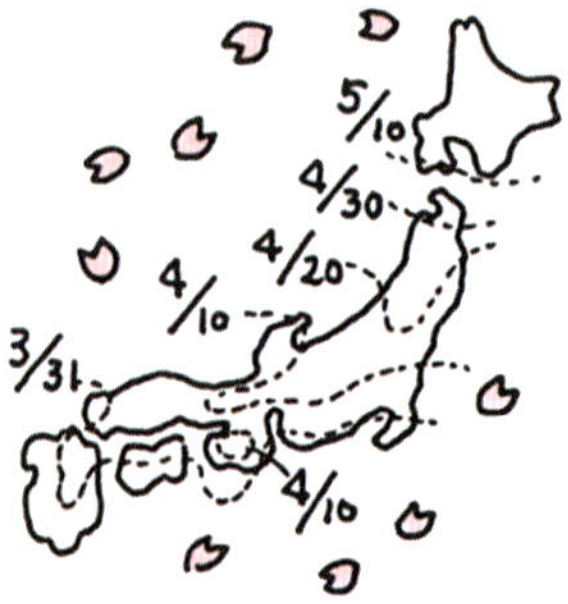

パンジー《ぱんじー》

はる、きいろや むらさきの はなが さく。さんしきすみれとも いう。

ヒヤシンス《ひやしんす》

くきの うえの ほうに ちいさな はなが あつまって さく。

やまぶき

あざやかな きいろの はなが さく。やまぶきいろは このはなの いろの こと。

しろつめぐさ

みちばたなどに はえている、しろくて ちいさい はな。

れんげそう

たうえの まえの たなどに さく あかい はな。

すみれ

のはらや やまなどに さく しろや むらさきいろの はな。

なのはな

たねからは あぶらが とれる。きいろい はなが さく。

うど

しろくて しゃきしゃきした やさい。よい かおりが する。

たけのこ

はるに おいしい やさい。おおきく そだつと たけに なる。

ちょうちょう

きれいな はねを もった むし。はなの みつを えさに する。

つばめ

はるに なると みなみの くにから とんできて ひとの いえなどに すを つくる。

くさばなで つくろう

にわや こうえんには くさばなが いっぱい！ かんむりや ネックレス《ねっくれす》を つくって あそぼう。

たんぽぽの うでどけい

❶ つめで くきを ふたつに さく。

❷ てくびに かるく むすびつける。

なずなの すず

❶ なずなの みを そっと ひきおろす。

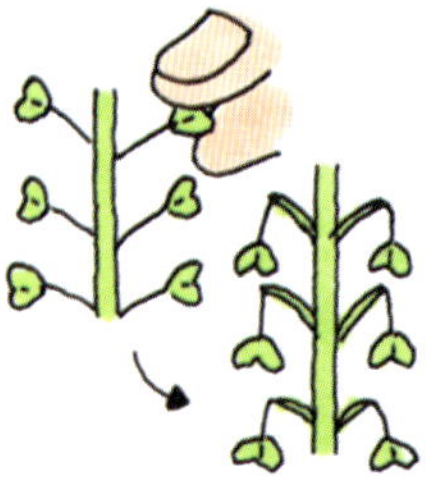

❷ ふると しゃらしゃら おとが する。

しろつめぐさの ネックレス《ねっくれす》

❶ しろつめぐさの くきを つめで すこし さいて あなを あける。

❷ あなに べつの くきを とおす。

❸ ❷を くりかえして ちょうどよい ながさに する。

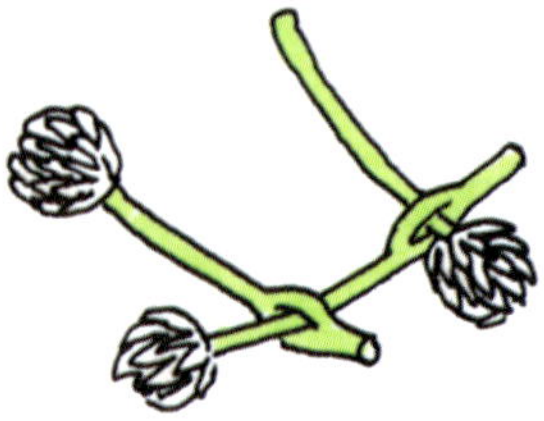

❹ さいごの くきに さいしょの くきを とおして できあがり。

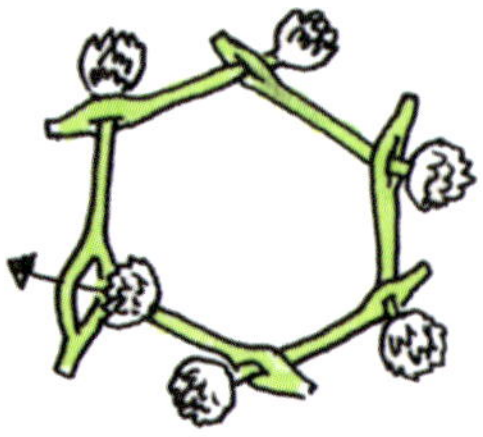

れんげそうの かんむり

❶ 1ぽんの はなの くきに、べつの 1ぽんを つよめに まきつける。

❷ すこしずつ ずらしながら きっちりと まきつけていく。

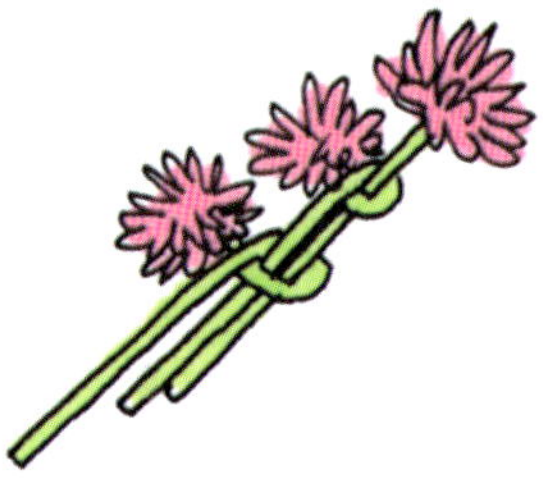

❸ はじめと おわりを あわせて わにし、べつの くきで むすぶ。

❹ できあがり。

5がつ

こいのぼり

（作詞　近藤宮子／作曲　無名著作物）

♬やねより　たかい
こいのぼり
おおきい　まごいは
おとうさん
ちいさい　ひごいは
こどもたち
おもしろそうに
およいでる

5がつ
5日

たんごのせっく

おとこのこの いる いえでは、たんごのせっくに こいのぼりを あげたり、よろいや かぶとを かざったりします。こどもたちが つよく げんきに そだつ ことを ねがうためです。

ようちえんで こいのぼりを つくったよ。とても かっこよく できたんだ。おうちに かざるのが たのしみだな。

おうちのかたへ

3月3日が女の子の節供(句)であるのに対し、5月5日の端午《たんご》の節供(句)は、男の子の節供(句)とされていました。この日には鯉のぼりや五月人形（武者人形）を飾り、ちまきや柏もちを供えます。また、菖蒲湯《しょうぶ》に入ったり、屋根の上に菖蒲を乗せたりもします。江戸時代の中頃からは、凧揚げや川をはさんでの石合戦、流鏑馬《やぶさめ》（馬に乗って弓矢で的を射る競技）などがさかんに行われていました。静岡県では今でも凧揚げなどの行事が続けられています。現在では、5月5日は男女の区別がない「こどもの日」として、国民の祝日にもなっています。

5
がつ
5日

たんごのせっくには なにを するの?

たんごのせっくには しょうぶを うかべた しょうぶゆに はいります。しょうぶで からだを きよめるためです。

おうちのかたへ

「端午《たんご》」とは5月初めの午《うま》の日、という意味です。昔の中国では、月と日に奇数の同じ数が重なる日は縁起がよいとされていました。そのため、この日には薬草である菖蒲《しょうぶ》やよもぎを屋根に乗せたり風呂に入れたりして、家や体を清めるならわしがありました。

この行事は日本にも伝わりましたが、後に日本独自の風習が加わり、大きく形を変えていきました。「菖蒲」が「尚武《しょうぶ》(武を尊ぶ)」と同音であることから、男の子の節供（句）と考えられるようになり、男の子が強く元気に育つことを願う行事になったのです。

5がつ

5日

たんごのせっく これ なあに？

たんごのせっくには こいのぼり、
よろい、かぶとなどを かざり、
ちまきや かしわもちを そなえます。
おふろには しょうぶを いれます。

こいのぼり

かしわもち

ごがつにんぎょう

しょうぶ

ちまき

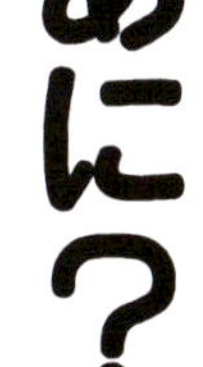

おうちのかたへ

端午《たんご》の節供（句）には、男の子の成長を祈って、鯉のぼりや五月人形（武者人形）を飾ります。もともとは、鐘馗《しょうき》や武者の絵を染めぬいた旗を立てていましたが、しだいに、滝登りをする勇ましい魚・鯉をかたどったものを飾るようになり、鯉のぼりが生まれました。

ちまきは端午の節供（句）には欠かせない食べものです。米の粉を練って団子にし、笹の葉や茅で包み、蒸してつくります。柏もちは、柏が神聖な木だとされていたことから、端午の節供（句）の行事と結びついたものと考えられます。

ははのひ

ははのひは いつも いそがしい
おかあさんに「ありがとう」の
きもちを つたえる ひです。
かんしゃを こめて カーネーション《かーねーしょん》の はなを
プレゼント《ぷれぜんと》したり、いろいろな
おてつだいを したりします。

ははのひは おかあさんの
ための ひなんだって。
おかあさん、なにを したら
よろこんでくれるかな?

おうちのかたへ

「母の日」は、20世紀の初め頃、アメリカ人の少女が、まちのために尽くして亡くなった母親を偲んで追悼会を行い、亡き母にカーネーションの花を捧げたことから始まりました。これをきっかけに5月の第2日曜日を母の日として祝う習慣がアメリカ全土に広がり、数年後にはアメリカの国の祝日に制定されました。

アメリカにならって日本で母の日を祝うようになったのは、戦後になってからのことです。日頃の感謝の気持ちを込めて、母親にカーネーションの花を贈ります。カーネーションの花言葉は「母の愛情」です。

5がつの ぎょうじと くらし①

さつき＊
皐月

5がつの むかしの よびかた。

メ《め》ーデ《で》ー
1日

はたらく ひとたちの ための おまつり。

はちじゅうはちや＊
2日ごろ 八十八夜

りっしゅんから 88にちめ。このころ ちゃつみを はじめる。

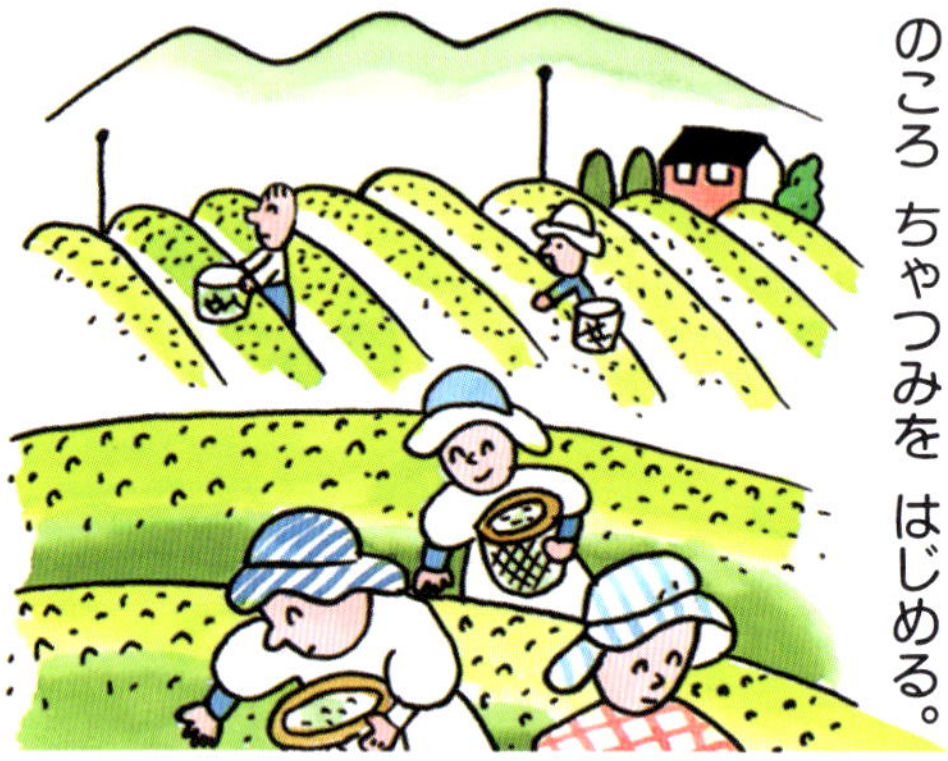

けんぽうきねんび
3日

にほんの けんぽうが じっさいに つかわれはじめた ひ。

みどりのひ
4日

はなや きを たいせつに しようと よびかける ひ。

こどものひ
5日

こどもの しあわせと せいちょうを いのる ひ。

ゴ《ご》ー《ー》ル《る》デ《で》ン《ん》ウ《う》ィ《い》ー《ー》ク《く》
4がつ29日～5がつ5日ごろ

4がつの おわりから 5がつはじめの きゅうじつが おおい しゅう。

りっか＊
6日ごろ 立夏

こよみの うえで なつが はじまる ひ。

＊の項目は178～179ページの解説を参照してください。

こいのぼりを つくろう

おおきさも もようも すきな ものを かんがえて、じぶんだけの こいのぼりを つくろう！

ようい する もの

がようし
クレヨン《くれよん》
たこいと
ビニールテープ《びにーるてーぷ》
ぼう

つくりかた

❶ のりしろを とって がようしを はんぶんに おる。

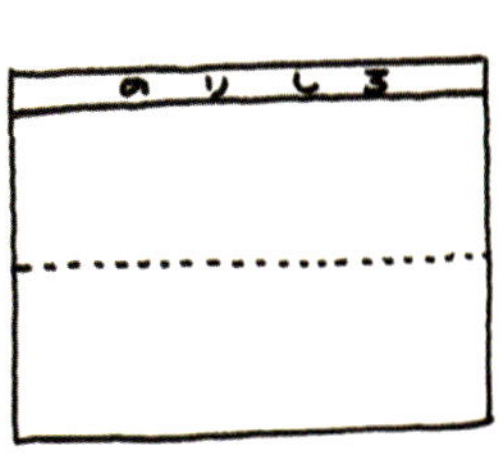

❷ のりしろも おりこんで しっぽの ぶぶんを きる。

❸ クレヨン《くれよん》で おもてと うらに かおや もようを かく。

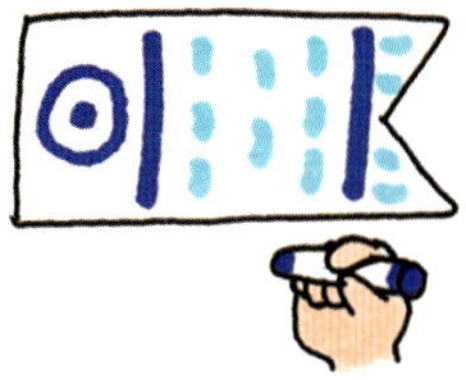

❹ たこいとを 3ぼん セ《せ》ロハンテープ《ろはんてーぷ》で はりつける。

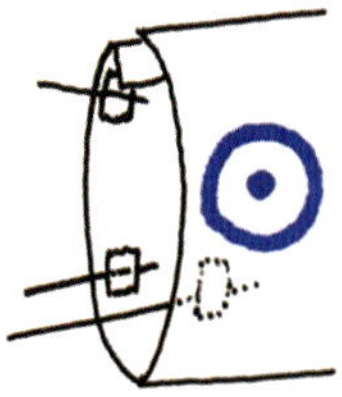

❺ のりしろに のりを つけて はりあわせる。

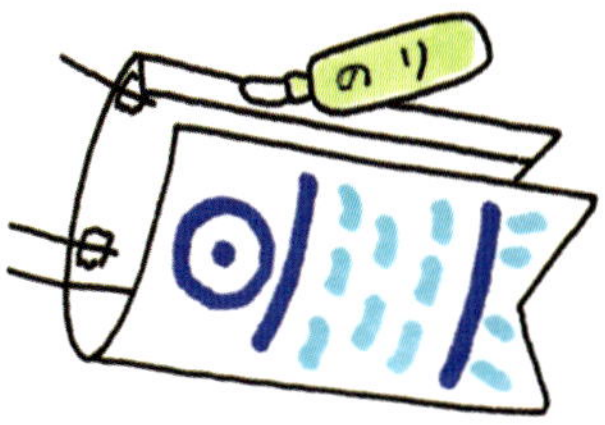

❻ たこいとを ひとつに まとめて むすぶ。

❼ ビニールテープ《びにーるてーぷ》に ほそく きった がようしを なんぼんか はる。

❽ ❼に たこいとを 3ぼん はる。

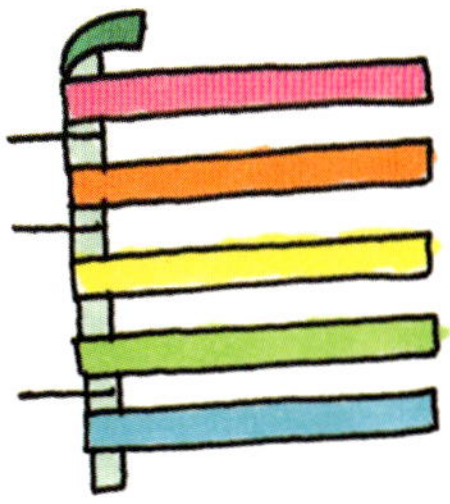

❾ うえから べつの ビニ《びに》ールテープ《ーるてーぷ》を はり、りょうはしを とめる。

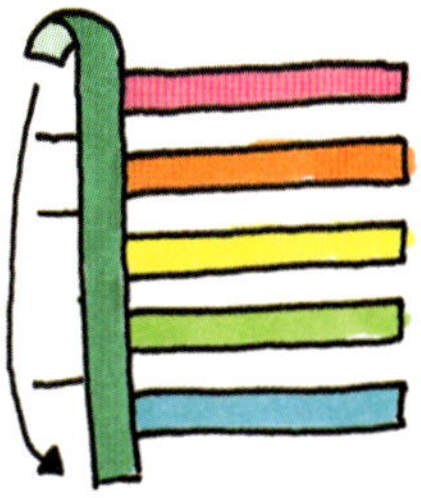

❿ ❻と ❾を ぼうに むすんで できあがり。

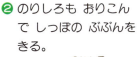

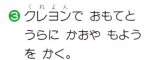

5がつの ぎょうじと くらし②

しょうまん＊

21日ごろ 小満

どうぶつや しょくぶつが せいちょうする じきの こと。

きつねのよめいり

はれているのに とつぜん あめが ふり、きゅうに やむ こと。

さつきばれ

5がつごろの、さわやかに はれた てんきの こと。

はなしょうぶ＊

いろいろな いろの はなを さかせる あやめの なかま。

えんそく

ようちえんや がっこうで、ひがえりで とおくへ いく こと。

くんぷう

薫風

なつの はじめに ふく さわやかな かぜ。

あやめ

4がつから 5がつごろ、むらさきや しろの はなが さく。

＊の項目は178～179ページの解説を参照してください。

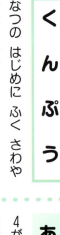

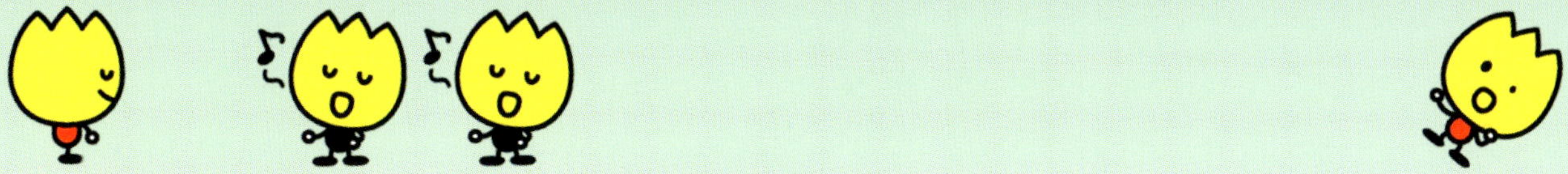

つつじ

4がつから 6がつごろに さく。はなの いろや かたちに たくさんの しゅるいが ある。

さつき

5がつから 6がつごろに はなが さく、つつじの なかま。

すずらん

ちいさな しろい はなは すずのような かたちを している。

ふじ

うすむらさきや しろの はなが ふさのように たれて さく。

はなみずき

4がつから 5がつごろ、しろや ピンク《ぴんく》いろの はなが さく。

ハ《は》ル《る》ジ《じ》オ《お》ン《ん》

みちばたや あきちなどに さく しろと きいろの はな。

びわ

たまごがたを した オレンジ《おれんじ》いろの くだもの。

そらまめ

さやから だして、ゆでて たべると おいしい。

しゃぼんだまを つくろう

きれいに ひかる しゃぼんだまを、いろいろな どうぐで つくってみよう。どこまで とぶかな？

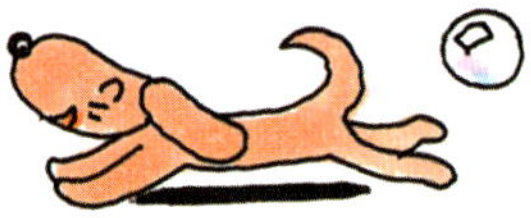

よういする もの

えきたいせっけん
おゆ
さとう
ストロー《すとろー》

せっけんすいの つくりかた

❶ えきたいせっけんを おゆに とかす。

❷ ❶に さとうを すこし いれて よく まぜる。

❸ ストロー《すとろー》の さきを せっけんすいに つける。

❹ そっと ふくと しゃぼんだまが できる。

いろいろな どうぐで しゃぼんだまを つくろう

たばねた ストロー《すとろー》

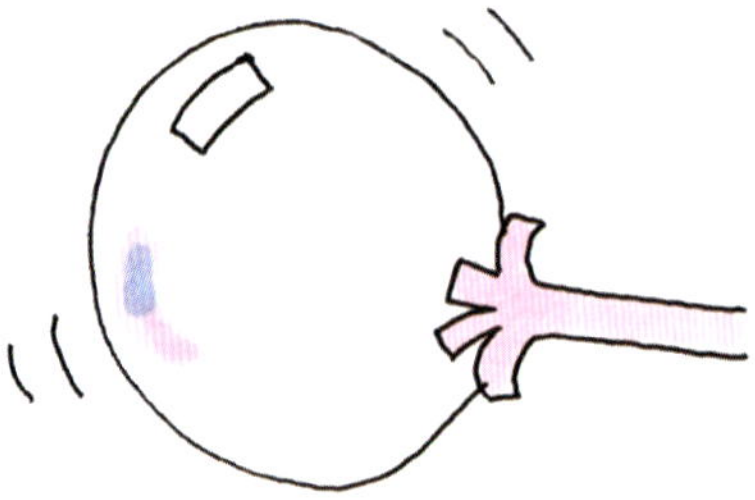

ストロー《すとろー》の さきを きった もの

まるめた がようし

はりがねの わ

はさみの わ （はさみを もつ ときは きを つけよう。）

6
がつ

あめふり

（作詞　北原白秋／作曲　中山晋平）

♬あめ　あめ　ふれ　ふれ
かあさんが
じゃのめで　おむかえ
うれしいな
ピッチ《ぴっち》　ピッチ《ぴっち》
チャップ《ちゃっぷ》　チャップ《ちゃっぷ》
ラン《らん》　ラン《らん》　ラン《らん》

6がつ1日

ころもがえ

きょうから はんそでの
せいふくに なったよ。 きのうの
ほうが あつかったのに。
どうして きょうから きがえるの？

ころもがえは ふゆの ふくと
なつの ふくを とりかえる
ぎょうじです。 あつくなると
はんそでや うすでの ふくを きる
ひとが ふえ、 ふくの いろも
すずしそうな ものが おおくなります。

おうちのかたへ

衣がえは、もともと平安時代に宮中で行われていた行事で、「更衣《こうい》の節《せつ》」とも呼ばれていました。この行事は、衣服だけでなく、家具や室内の飾りつけも季節に合わせて取りかえるというもので、４月１日からは夏のもの、10月１日からは冬のもの、と決められていました。

衣がえは、時代とともに少しずつ形を変えながら受けつがれてきました。現在でも学校や企業の制服などについては、６月１日と10月１日の年２回行われていますが、冷暖房の普及や衣服の多様化により、「季節に合った服装」という概念はあいまいになってきています。

6がつ
だい3にちようび

ちちのひ

まいにち いっしょうけんめい
はたらいている おとうさん。
ぼくも おおきくなったら、
おとうさんみたいに なりたいな。

ちちのひは、いつも
がんばっている おとうさんに、
かんしゃする ひです。
かたを たたいたり、くつを
みがいたりしてあげましょう。
きっと よろこんでくれますよ。

おうちのかたへ

「父の日」はもともとアメリカで定められた記念日です。制定のきっかけは、「母の日」にならって、父親に感謝の気持ちをあらわす日をつくろう、というひとりの女性の呼びかけでした。その後日本にも導入され、今ではすっかり定着しました。

アメリカでは、父親にバラの花を贈りますが、この風習は、日本ではあまり一般的ではありません。子供たちには、ものを贈るより、自分なりの方法で「お父さん、ありがとう」という感謝の気持ちを伝えることをすすめてみましょう。

6がつの ぎょうじと くらし①

水無月 みなづき＊

6がつの むかしの よびかた。

1日 氷の朔日 こおりのついたち＊

はを じょうぶに するため かたい もちを たべる ひ。

6日ごろ 芒種 ぼうしゅ＊

こくもつの たねを まくのに ちょうどよい じきの こと。

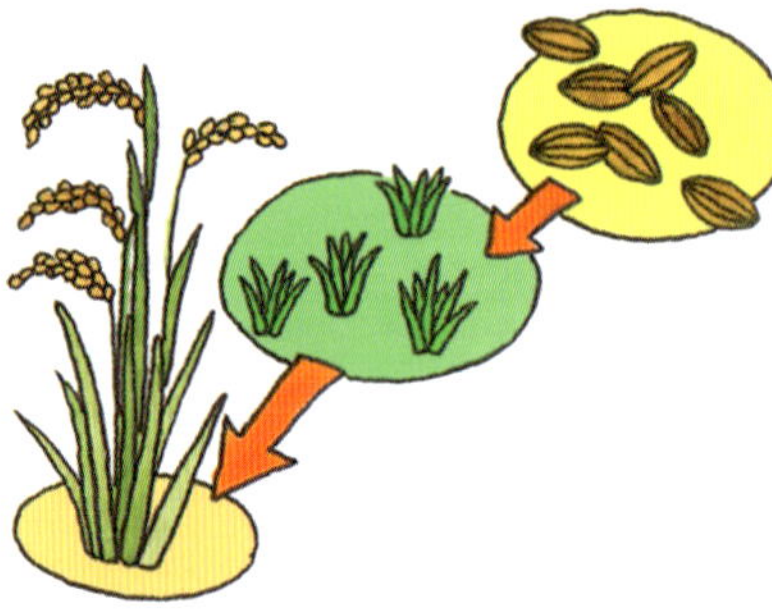

11日ごろ 入梅 にゅうばい＊

つゆに はいる こと。あめの ひが おおくなる。

4日 むしばよぼうデ《で》ー

むしばを ふせぐため はみがきを きちんと しようという ひ。

10日 ときのきねんび

じかんを たいせつに つかおうという きねんび。

22日ごろ 夏至 げし＊

1ねんで ひるが いちばん ながくなる ひ。

＊の項目は178～179ページの解説を参照してください。

おわりごろ

むしおくり

さくもつに つく わるい むしを おいはらう ぎょうじ。

おわりごろ

なごし*

夏越し

ちのわという わを くぐって おはらいを する ぎょうじ。

プール《ぷーる》びらき

あつくなって プール《ぷーる》の じかんが はじまる こと。

つゆ（ばいう）

梅雨

あめの きせつ。うめの みが なる ころに ふる あめを さす。

たうえ

いねの なえを たに うえつける こと。

さみだれ

五月雨

たうえの ころに ふりつづく あめ。

つゆいり

梅雨入り

つゆの じきに はいる こと。ながい あいだ あめが つづく。

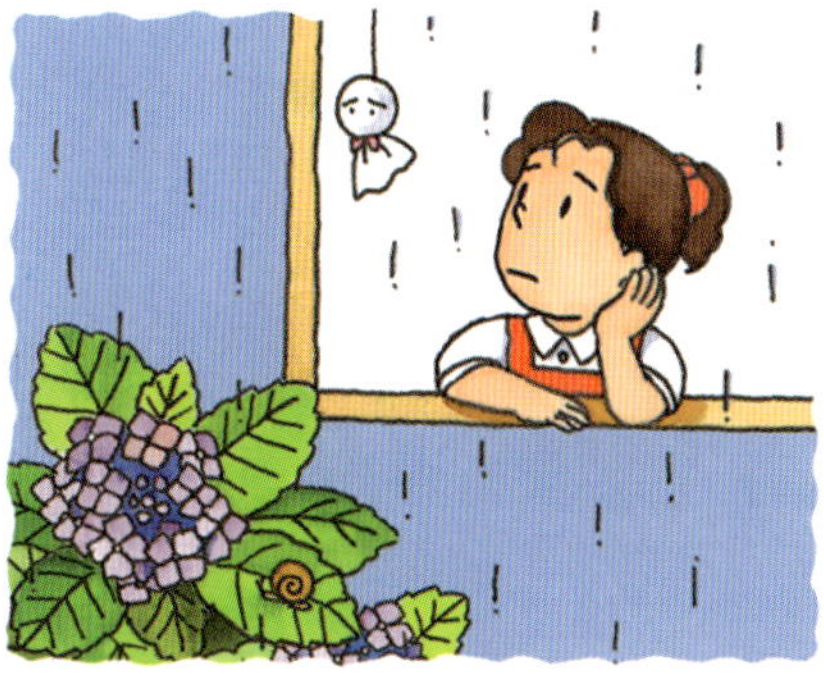

6がつの ぎょうじと くらし②

ばいうぜんせん

つゆどきに あめが ふりそうな ところを しめす ぜんせん。

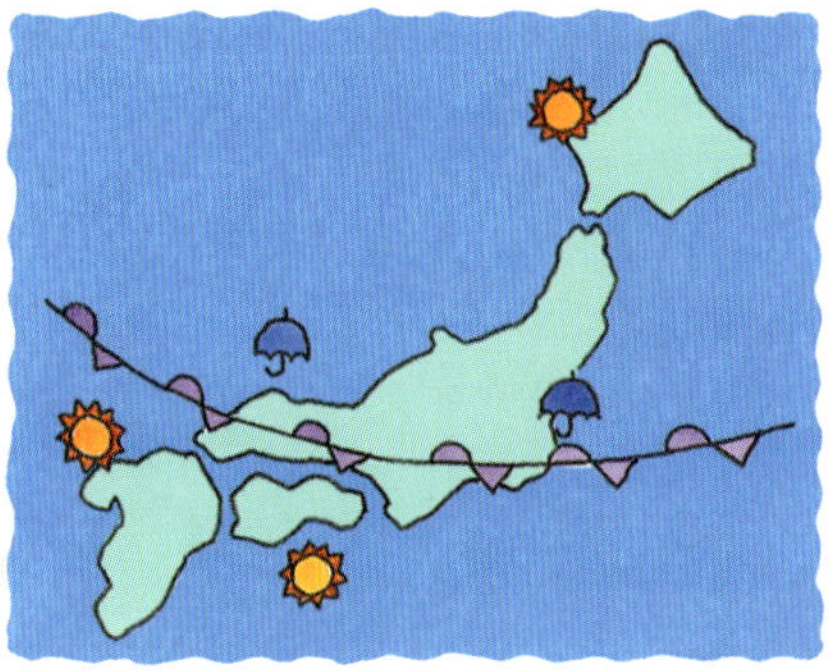

あじさい

つゆの じきに さく はな。いろいろな いろが ある。

みずばしょう

しめった ところに はえる。さといもの なかま。

くちなし

よい かおりが する しろい はな。あきには みが なる。

うめのみ

うめぼしや うめしゅの ざいりように なる。

さくらんぼう

みの なる しゅるいの さくらの み。おうとうとも いう。

らっきょう

かわを むき、つけものに して たべる。においが つよい。

かたつむり

うずまきの からを もっている。しめった ばしょが すき。

てるてるぼうずを つくろう

あめの ひは てるてるぼうずが だいかつやく。いろいろな かおを かいて まどべに つるそう。

ようい する もの
しろい ぬの
ティッシュペーパー《てぃっしゅぺーぱー》
わゴム《ごむ》
ゆせいペン《ぺん》

★つくりかた

❶ ティッシュペーパー《てぃっしゅぺーぱー》を まるめる。

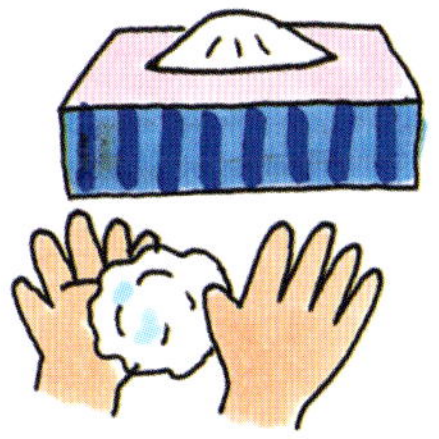

❷ ❶を しろい ぬので つつむ。

❸ くびを わゴム《ごむ》で とめる。

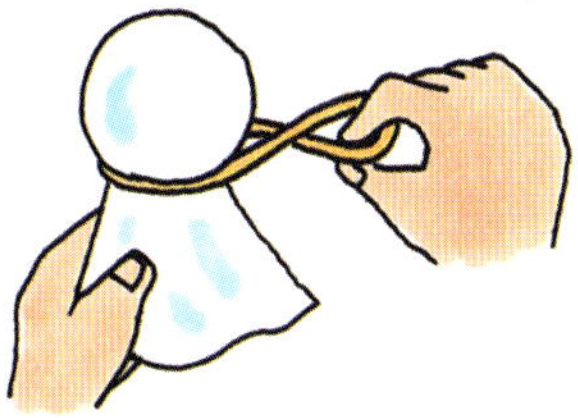

❹ ゆせいペン《ぺん》で かおを かいて できあがり。

★いろいろな かおを かいてみよう

げんきな かお

こまった かお

わらった かお

びっくりした かお

めを まわした かお

★おしゃれを させてみよう

ちょうネクタイ《ねくたい》

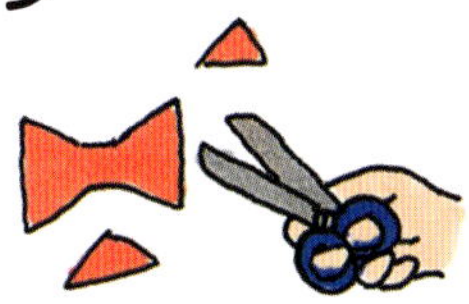

❶ いろがようしで ちょうネクタイ《ねくたい》を つくる。

❷ りょうめんテープ《てーぷ》で はりつける。

ねじりはちまき

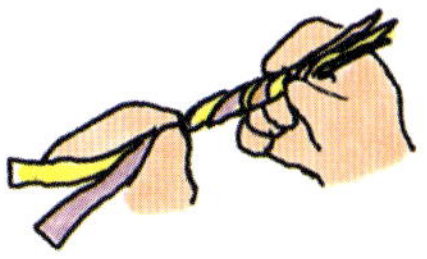

❶ いろの ちがう ティッ《てぃっ》シュペーパー《しゅぺーぱー》を ねじる。

❷ あたまに むすぶ。

いしに えを かこう

かわらには かわった かたちの いしが あるよ。かたちに あわせて たのしい えを かこう。

** よういする もの**

いし
ポスターカラー《ぽすたーからー》
ふで

★いろいろな えを かいてみよう

ねこ

かに

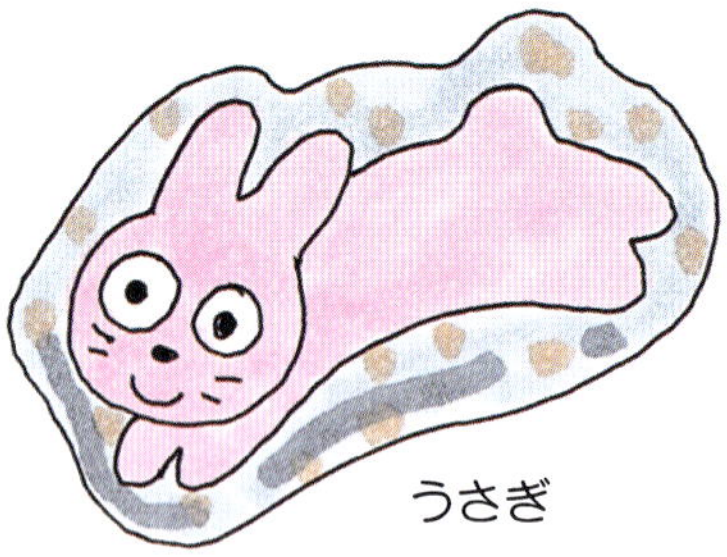
うさぎ

きょうりゅう

おとうさん

かえる

とり
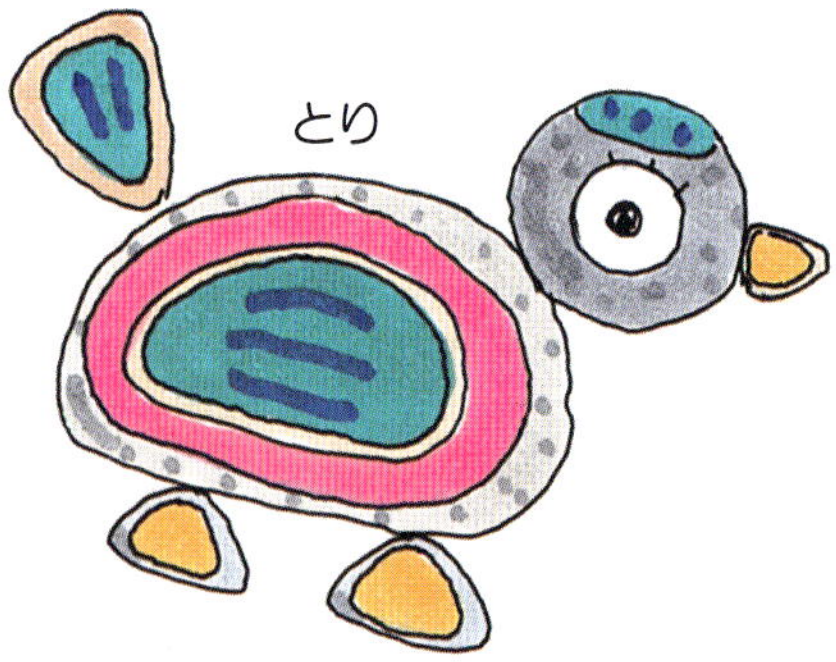

はな

さかな

7がつ

たなばたさま

（作詞　林柳波、権藤はなよ／作曲　下総皖一）

♬ささのは　さらさら
のきばに　ゆれる
おほしさま　きらきら
きんぎん　すなご

ごしきの　たんざく
わたしが　かいた
おほしさま　きらきら
そらから　みてる

7がつ 7日

たなばた

たんざくに ねがいごとを かいて
ささに むすんだよ。おりがみで
いろいろな かざりも つくったんだ。
ねがいごとは かなうかな？

たなばたは、おりひめと ひこぼしが
1ねんに いちどだけ あえる ひです。
このひの よる、てんきが よいと
ふたりは あまのがわを わたって
あう ことが できると いわれています。

おうちのかたへ

現在行われている七夕は、中国から伝わった織女《しょくじょ》と牽《けん》牛《ぎゅう》の伝説と、その伝説から生まれた「乞巧奠《きっこうでん》（女性の裁縫の上達を星に願う祭り）」に、日本古来の信仰が加わってできあがった行事です。

七夕には、笹竹にさまざまな飾りや、願いごとを書いた短冊をつるし、庭先に飾ります。かつては7月6日の夜に笹竹を飾り、7日の朝、川や海に流していましたが、現在では公害問題などから、川や海に流すことは禁止されているところが多いようです。また、関西地方などでは、1か月遅れの8月7日に行われています。

7がつ
7日

どうして たなばたと いうの？

たなばたは みずの かみさまを
まつる にほんの ぎょうじと
ちゅうごくの ほしまつりが いっしょに
なった ものです。

おうちのかたへ

日本古来の「棚機《たなばた》つ女《め》」の信仰は、この時期に、乙女が川辺の棚造りの機屋《はたや》（タナ）で機《はた》を織りながら水の神を迎えて一夜を過ごし、翌日、村人たちが禊《みそぎ》（川で体を清めること）を行うものでした。このとき水神に織った布をささげるのです。この行事と7月7日の乞《きっ》巧奠《こうでん》が結びつき、七夕（7日の夜）と書いて「たなばた」と読むようになりました。

古くは、七夕と盆はひと続きの行事であり、祖霊を迎える準備として水に関する行事が重視されていました。水浴びや、笹飾りを川などに流すことも、禊の意味をもっていました。

たなばたの おはなし

あまのがわを はさんで、うしかいの
けんぎゅうと はたおりの しょくじょは、
まいにち いっしょうけんめい
はたらいていました。
なかの よい ふたりは やがて
けっこんする ことに なり、いっしょに
たのしく くらしはじめました。

ところが、けっこんした ふたりは、
しごとを なまけて あそんでばかり。
おこった てんの かみさまは、ふたりを
こらしめようと、もとのように かわの
りょうがわに ひきはなしてしまいました。
ふたりは まいにち ないて くらしました。

かわいそうに　おもった　かみさまは、
1ねんに　1かい、7がつなのかの
よるにだけ、かわに　はしを　かけて、
ふたりを　あわせてやる　ことに　しました。
でも、そのひに　あめが　ふると、
はしが　できず、ふたりは　あう　ことが
できないのです。

おうちのかたへ

織女《しょくじょ》星と牽牛《けんぎゅう》星が、1年に1度だけ会うことを許された7月7日の夜には、翼を広げたかささぎが、天の川の橋の役目をするといわれています。

織女星は琴座のベガ、牽牛星は鷲《わし》座のアルタイルをさします。中国では、ベガは養蚕や裁縫をつかさどる星、アルタイルは農期を知らせる星とされていました。琴座（織女）と鷲座（牽牛）は天の川の両側に位置し、その間には翼を広げた形の白鳥座（かささぎの橋）があります。こうした夏の星座から、七夕の伝説がつくられたのです。

7がつ
21日ごろ〜

なつやすみ

なつやすみが　はじまりました。
あつい　ひが　つづく　あいだ、
ようちえんや　がっこうは　おやすみです。
かいすいよくや　むしとりなど
いろいろな　なつの　あそびに
ちょうせんしてみましょう。

あしたの　あさは　せみを　とりに
いくんだ。いなかへ　いって
おじいちゃんや　おばあちゃんにも
あうよ。なつやすみって　たのしいな。

おうちのかたへ

幼稚園や小学校では、７月の終わり頃から夏休みが始まります。夏休みは、暑い時期に子供の心身に休養を与えるために設けられたもので、期間はそれぞれの地域の教育委員会が定めることになっています。全国的に、７月21日から８月31日までとしているところが多いのですが、寒冷地や豪雪地帯などでは夏休みが短く、その分冬休みが長くなっています。

夏休みには、水遊びや虫とりなど、この季節ならではの楽しみが数多くあります。子供にとって、ふだんではできない経験をするよい機会です。

7がつの ぎょうじと くらし①

7がつ

ふづき（ふみづき）＊

文月

7がつの むかしの よびかた。

うみびらき

1日ごろ

そのとし かいすいよくを して よい はじめての ひ。

やまびらき

1日ごろ

そのとし やまのぼりを して よい はじめての ひ。

はんげしょう＊

3日ごろ 半夏生

たうえを おえていなければ いけない ひ。

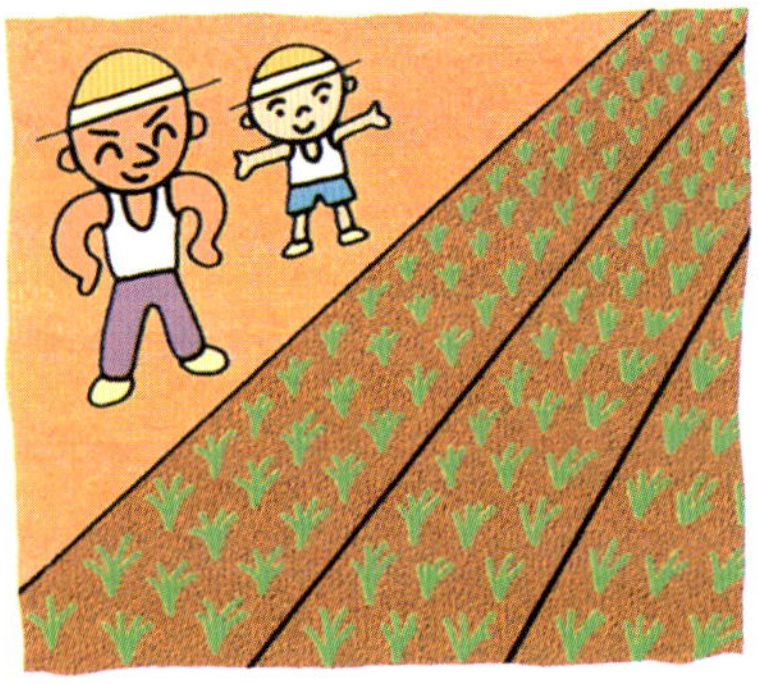

しょうしょ＊

8日ごろ 小暑

ほんかくてきな あつさが はじまる ころの こと。

おちゅうげん＊

はじめ〜15日ごろ

おせわに なった ひとに おくる なつの おくりもの。8がつに おくる ところも ある。

うみのひ

第3月曜日

うみの ことを よく しり、うみを たいせつに する ひ。

たいしょ＊

23日ごろ 大暑

あつさが いちばん きびしい ころの こと。

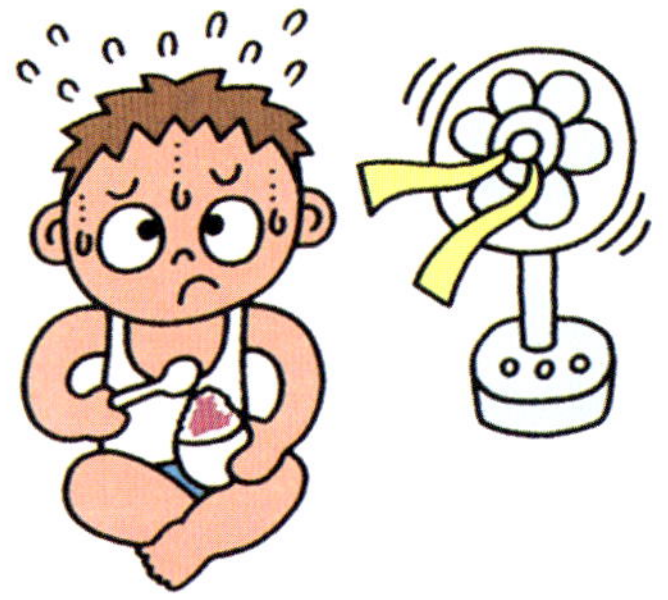

おぼん

13日〜15日ごろ

↓ P.98

＊の項目は178〜179ページの解説を参照してください。

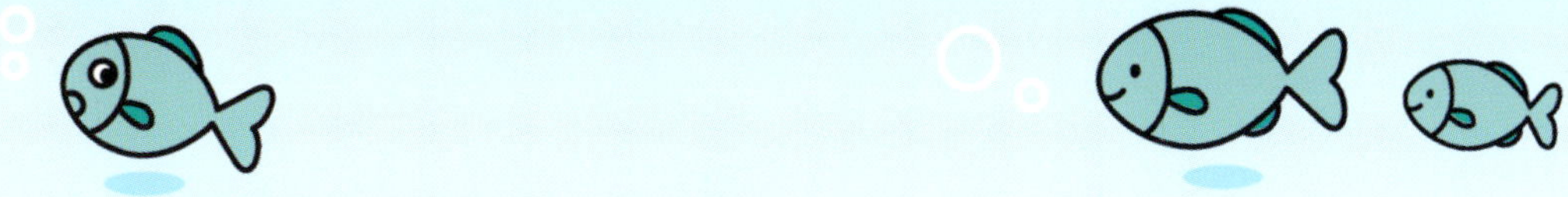

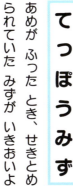

なかごろ〜8がつ8日ごろ

しょちゅうみまい

おせわに なった ひとに だす
なつの あいさつの はがき。

21日〜8月7日ごろ

どよう*

土用

こよみの うえで きせつが な
つから あきへと かわる じき。
どようは ねんに 4かい ある。

★どようの うしのひ★

18にちかん ある どようの なかの うしの
ひを「どようの うしのひ」という。
このひに うなぎを たべると からだに よ
いと いわれている。

つゆあけ

つゆの きせつが おわる こと。

しゅうちゅうごうう

いっかしょに まとまって はげ
しく ふる あめ。

てっぽうみず

あめが ふった とき、せきとめ
られていた みずが いきおいよ
く ながれだす こと。

まなつび

きおんが 30どを こえる とて
も あつい ひの こと。

7がつの ぎょうじと くらし②

にじ

あめの あとなどに みえる ななないろの ひかりの おび。

おしろいばな

ピンク《ぴんく》や きいろの はなが ゆうがた さいて、あさ しぼむ。

ほおずき

ふくろのような がくの なかに オレンジ《おれんじ》いろの まるい みが ある。

あさがお

あさ はやく はなが ひらき、ひるごろには しぼむ。

べにばな

きくに にた オレンジ《おれんじ》いろの はなが さく。

もも

あまくて よい においが する くだもの。このみのような いろを ももいろと いう。

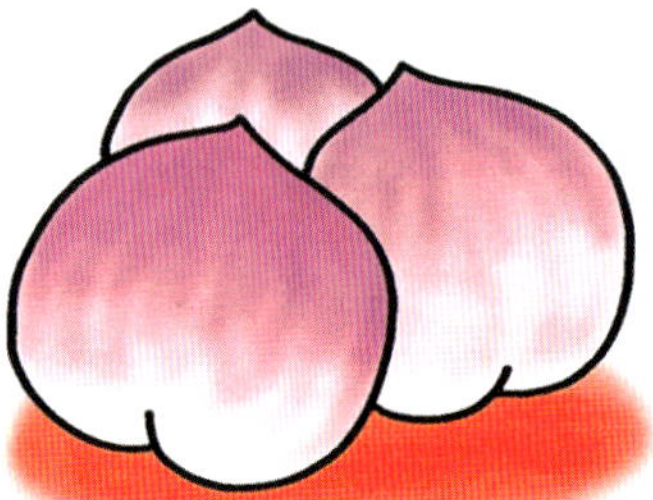

メ《め》ロ《ろ》ン《ん》

みどりいろの かわに こまかい あみの もようが ある あまい くだもの。

はなを つかった いろみずぞめ

いろの ついた はなから、いろみずが とれたよ。えを かいたり そめたりして あそんでみよう。

ムラサキ《むらさき》
ツユクサ《つゆくさ》
など
でも よい

よういする もの
あさがおの はな
ビニール《びにーる》の ふくろ

★いろみずの つくりかた

❶ はなを あつめて ふくろに いれる。

❷ ふくろに みずを すこし いれる。

❸ よく もんで はなの いろを だす。

❹ ふくろの かどを きり いろみずを しぼる。

★いろみずで えを かこう

ふでや ゆびに いろみずを つけて えを かいてみよう!

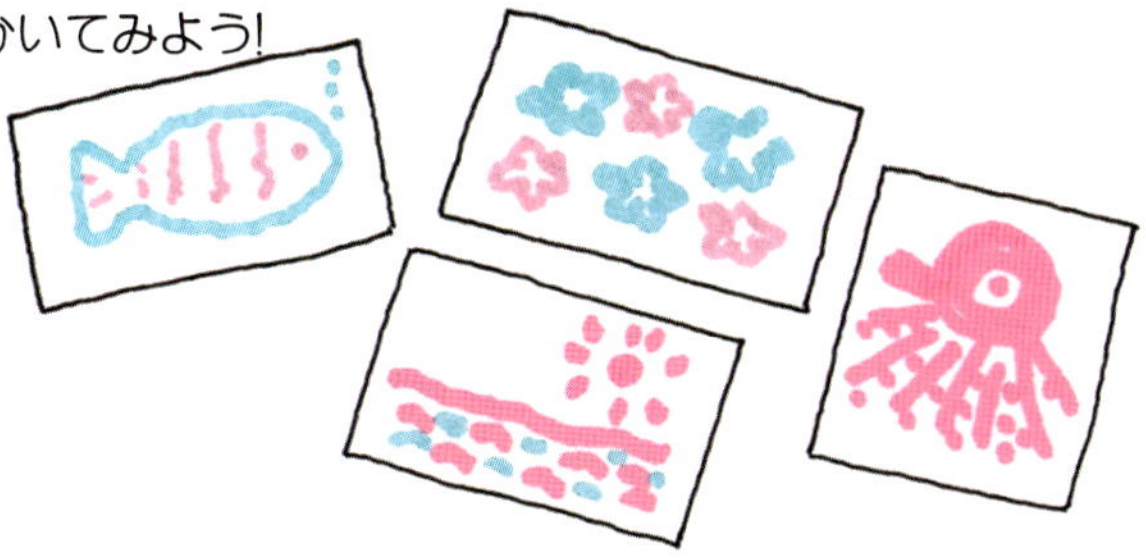

★たたみぞめ

❶ かみを たたんで かどに いろみずを つける。

❷ たたみかたに よって もようが かわる。

★たたきぞめ

❶ はなの ねもとの みどりの ぶぶんを きる。

❷ はなを しろい かみに はさむ。

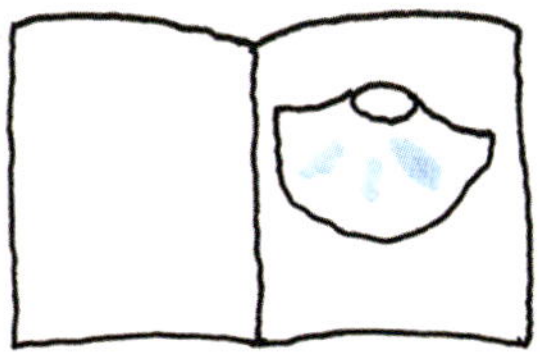

❸ かるく たたいて はなの いろを だす。

❹ できあがり。

しょちゅうみまいを かこう

なつやすみだよ。おともだちは げんきかな？　いろいろな しょちゅうみまいを かこう！

★ おおきな はなび

ようい する もの
はがき
クレヨン《くれよん》
えのぐ
あつがみ
おりがみ

❶ はがきに クレヨン《くれよん》で はなびの えを かく。

❷ うえから ぐんじょう いろの えのぐを ぬる。

❸ えのぐが かわいたら できあがり。

★ おはなばたけ

❶ あつがみを はんぶんに おる。

❷ はなの かたちに きり ぬく。

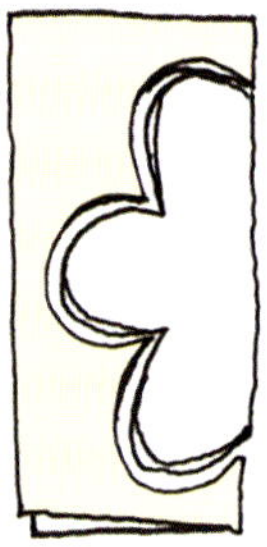

❸ ❷の あつがみを ひら く。

❹ ❸を はがきの うえに おく。

❺ うえから えのぐを ぬ る。

❻ あつがみを はがきか ら とりのぞく。

❼ ❻を なんどか くりか えす。

❽ できあがり。

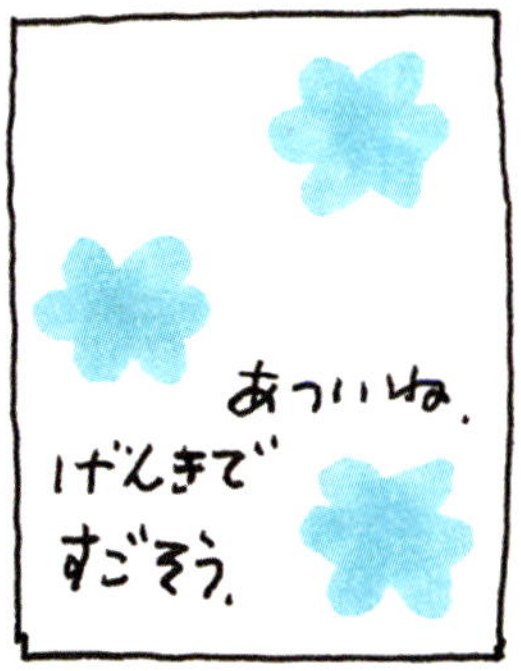

★ うみの なか

❶ おりがみを さかなの かたちに てで ちぎる。

❷ ❶のように かいそう や かいも つくる。

❸ ❶、❷を のりで はが きに はる。

❹ よく かわかして でき あがり。

8がつ

うみ

（作詞　林柳波／作曲　井上武士）

♬うみは　ひろいな
おおきいな
つきが　のぼるし
ひが　しずむ

うみは　おおなみ
あおい　なみ
ゆれて　どこまで
つづくやら

8がつ
13日〜15日ごろ

おぼん

ドン《どん》 ドン《どん》 ドン《どん》。 たいこの おとが きこえてきたよ。 ぼんおどりが はじまったんだ! どうして なつに ぼんおどりを するのかな?

おぼんには なくなった そせんの れいが いえに かえってくると かんがえられています。 れいを なぐさめるために おはかまいりや ぼんおどりなど いろいろな ぎょうじが おこなわれます。

おうちのかたへ

盆は、亡くなった先祖や家族の霊を家に迎え、供養する行事です。盆はもともと旧暦の７月（新暦の８月頃）に行われていましたが、現在では新暦の７月に行うところと、１か月遅れの８月に行うところがあります。盆の始まりと終わりの日は、地方によってさまざまです。

夏休みと重なるという事情もありますが、この時期に里帰りする人がまだまだ多いことからも、盆という行事が日本人の生活に深く根づいていることが感じられます。現在では夏祭りのようなイメージが強い盆踊りも、本来は先祖の霊を慰めるための盆行事のひとつだったのです。

8 がつ

13日〜15日ごろ

おぼんには なにを するの?

そせんの れいの あしもとを てらす ために、いえの まえで むかえびや おくりびを たきます。なすや きゅうりの うまなども そなえます。

おうちのかたへ

盆の初日の夜には、家の前で迎え火をたいて祖先の霊を迎えます。この火は仏様の足もとを照らす明かりであると同時に、危険な悪霊を追いはらうものだとされています。

盆の間は、花やくだもの、なすやきゅうりでつくった馬（霊魂の乗りものと考えられている）などを供えて、祖先の霊を供養します。

盆の最終日には、送り火をたいたり、精霊《しょうりょう》流しをしたりして、霊をあの世へ送ります。

盆の行事は地方によってさまざまで、伊豆半島や関東の一部では屋外にかまどを築き、煮たきして食べる「盆釜《ぼんがま》」などを行っています。

8
がつ
13日〜15日ごろ

どうして おぼんと いうの？

おぼんは ぶっきょうから きた
ことばです。そせんを まつる
にほんの まつりと
ぶっきょうの ぎょうじが
いっしょに なった ものです。

おうちのかたへ

盆は、仏教行事「盂蘭盆会《うらぼんえ》」の略称だと考えられています。盂蘭盆会の始まりは、釈迦《しゃか》の弟子のひとりが、地獄（餓鬼道《がきどう》）で苦しむ母親を助けるために先祖の供養を行ったことだと伝えられています。しかし日本には、仏教が伝わる前からこの時期に重要な行事がありました。１年を２期に分けた後半の新しい季節の始まりを祝い、祖先の霊を迎える祭りです。日本の行事としての盆は正月のようにめでたいものでしたが、これに盂蘭盆会が結びついて形を変えていき、江戸時代頃には現在のようなものになりました。

8がつ
はじめごろ

はなびたいかい

なつに なると、あちこちで
はなびたいかいが あります。
はなびが あがると ドーン《どーん》と おおきな
おとが して、そらが ぱっと
あかるくなります。まるで よぞらに
きれいな はなが さいたようです。

ドーン《どーん》！ ドーン《どーん》！ きれいな
はなびが たくさん あがったよ。
どうしたら あんなに
そらたかく あがるんだろう？

おうちのかたへ

花火は日本の夏に欠かせないもののひとつです。花火製造の技術はヨーロッパから伝わったといわれています。古い記録には、1613年に、明《みん》国の商人が江戸城の二の丸で打ちあげた花火を徳川家康《とくがわいえやす》が見物した、などというものもあります。

当初、花火の製造や打ちあげは外国人に頼っていましたが、しだいに日本人も技術を身につけ、江戸のまちには有名な花火店も生まれました。現在でも花火見物の際、「玉屋〜」「鍵屋〜」などというかけ声が聞かれますが、どちらも有名な花火製造店の名前です。

8がつの ぎょうじと くらし①

はづき＊

葉月

8がつの むかしの よびかた。

げんばくきねんび

6日・9日

1945ねん、にほんに げんしばくだんが おとされた ひ。

りっしゅう＊

8日ごろ 立秋

こよみの うえで あきが はじまる ひ。

ざんしょみまい＊

9日ごろ〜

りっしゅうを すぎてから だす なつの あいさつの てがみ。

やまのひ＊

11日

やまの ことを しり、やまを たいせつに する ひ。

しゅうせんきねんび

15日

1945ねん、だい2じせかいたいせんが おわった ひ。

しょしょ＊

24日ごろ 処暑

あつさが よわまってくる じきの こと。

ねったいや

きおんが 25どより ひくく ならない あつい よるの こと。

はじめ〜15日ごろ
おちゅうげん
P.92

＊の項目は178〜179ページの解説を参照してください。

つめたい デザート《でざーと》を つくろう

なつは つめたい デザート《でざーと》が おいしいね。すきな くだものや ジュース《じゅーす》で ちょうせんしてみよう。

ようい する もの

くだもの
(バナナ《ばなな》、オレンジ《おれんじ》、ぶどう)
なまクリーム《くりーむ》
いちごジャム《じゃむ》
ジュース《じゅーす》
(オレンジ《おれんじ》、ぶどう、りんご)

★フローズンフルーツ《ふろーずんふるーつ》

❶ バナナ《ばなな》は かわを むき わりばしを さす。

❷ ぶどうは ふさから はずし、かわを むき、オ《お》レンジ《れんじ》は かわを むく。

❸ ひとつずつ ラップ《らっぷ》で つつんで れいとうこで ひやす。

❹ くだものが こおったら できあがり。

★かんたん アイスクリーム《あいすくりーむ》

❶ なまクリーム《くりーむ》を あわだてる。

❷ ❶に いちごジャム《じゃむ》を いれる。

❸ よく かきまぜて れいとうこで ひやす。

❹ かたまったら できあがり。

★ジュース《じゅーす》で つくる シャーベット《しゃーべっと》

❶ せいひょうざらに オ《お》レンジジュース《れんじじゅーす》を いれる。

❷ おなじように ぶどうジュース《じゅーす》も いれる。

❸ おなじように りんごジュース《じゅーす》も いれて れいとうこで ひやす。

❹ もりあわせて できあがり。

8がつの ぎょうじと くらし②

ゆうだち

なつの ゆうがた、きゅうに ふる おおつぶの つよい あめ。

にゅうどうぐも

まるく もりあがった かたちの なつの くも。せきらんうんの こと。

かみなり

いなずまが ピカッ《ぴかっ》と ひかった あと、ゴロゴロ《ごろごろ》と なる。

どようなみ＊

土用波

りっしゅうの まえに みられる おおきな なみ。

ひまわり

ながい くきの さきに おおきな きいろの はなが さく。

へちま

なつに きいろい はなが さき、あきに おおきな みが なる。

すいか

なつに おいしい くだもの。みは しるが おおくて あまい。

とうもろこし

きいろい みが びっしり ならんだ やさい。

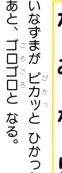

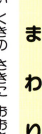

ほたる

おしりから ひかりを だす むし。かわらなど みずべに いる ことが おおい。

かぶとむし

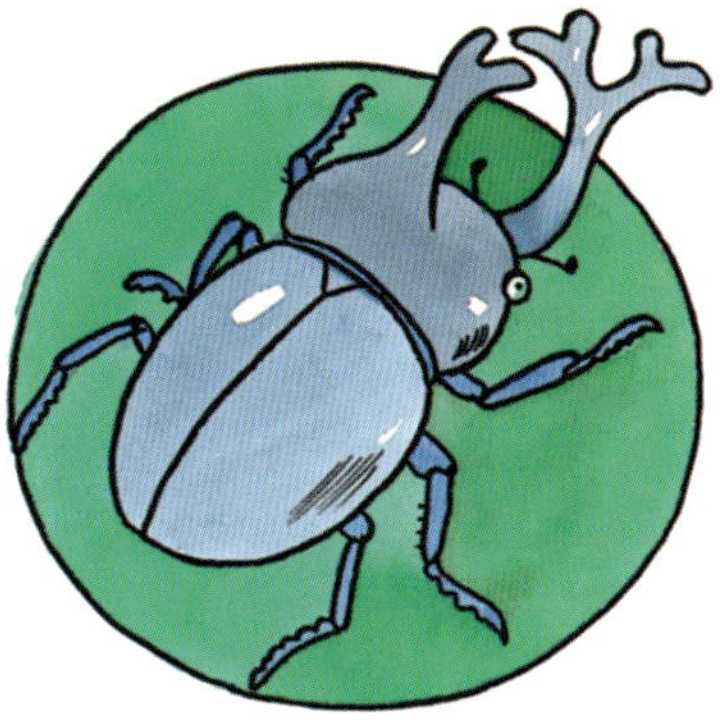

なつの はやしに いる むし。おすには、ながい つのが ある。

くわがたむし

なつの はやしに いる むし。おすには、つよい あごが ある。

せみ

きなどに とまって なく なつの むし。しゅるいに よって なきごえが ちがう。

なつの もの いろいろ

なつを すずしく すごすために かんがえられている。

おばけ

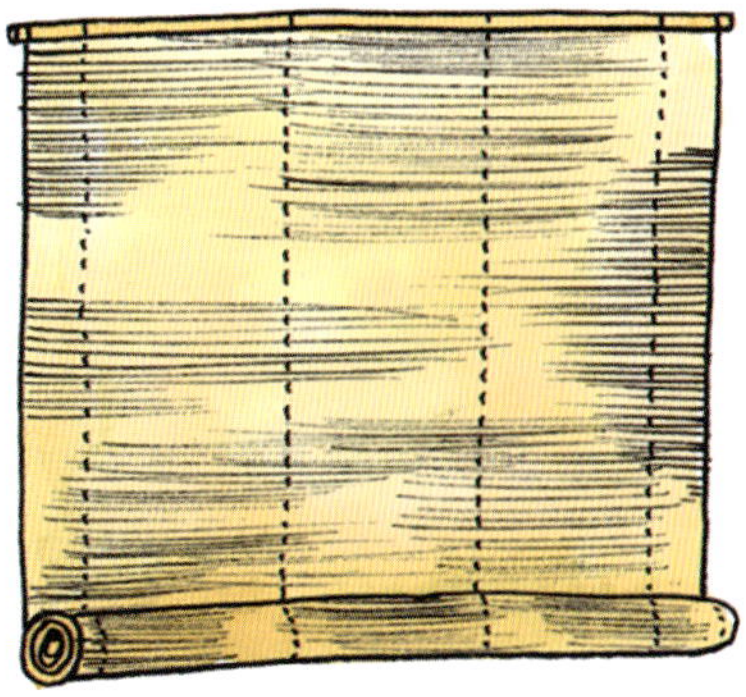

すだれ

ゆかた

かとりせんこう

せんぷうき

ふうりん

うちわ

かいがらで つくろう

うみで かいがらを ひろったよ。かみねんどと かいがらで、あきびんなどを へんしんさせよう！

ようい する もの

- かいがら
- かみねんど
- カップ《かっぷ》めんの いれもの
- あきびん
- あきばこ

★ うえきばち

❶ カップ《かっぷ》めんの いれものの うえを きる。

❷ フォーク《ふぉーく》で そこに あなを あける。

❸ まわりに かみねんどを つける。

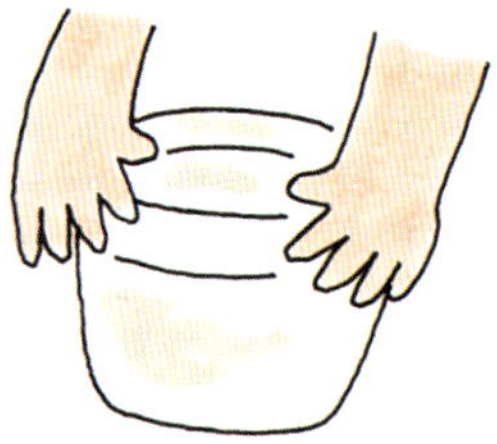

❹ かいがらを つけて できあがり。

★ かびん

❶ あきびんの まわりに かみねんどを つける。

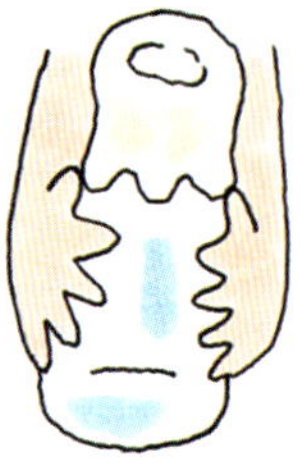

❷ かいがらを つけて できあがり。

★ こものいれ

❶ あきびんの ふたに かみねんどを つける。

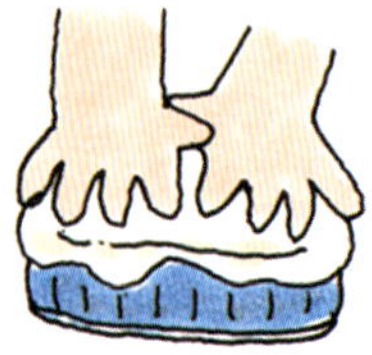

❷ かいがらを つけて できあがり。

★ かいで つくる え

❶ あきばこに かみねんどを たいらに しく。

❷ かいがらを つけて えを かく。

9がつ

あかとんぼ

（作詞　三木露風／作曲　山田耕筰）

♬ゆうやけ　こやけの
あかとんぼ
おわれて　みたのは
いつの　ひか

やまの　はたけの
くわのみを
こかごに　つんだは
まぼろしか

9がつ おわりごろ

おつきみ

よぞらに ぽっかり うかぶ
おおきな まんげつ。
こんやは じゅうごやです。 いちねんで
いちばん つきが きれいな よるです。
つきみだんごや すすきを かざって
つきみを します。

きょうは おつきみ。 みんなで
つきを みるよ。 つきは まいにち
でているから、 あしたも あさっても
おつきみが できるのかな?

おうちのかたへ

旧暦8月15日の夜（新暦の9月中旬～10月上旬）を「十五夜」といい、月見団子やすすき、さといもなどを供えて月見をする風習があります。旧暦では、毎月15日の夜は満月にあたりますが、十五夜の月はとくに「仲秋《ちゅうしゅう》の名月」と呼ばれ、１年でもっとも美しいとされています。

旧暦では、満月から満月までの間を１か月と数えます。昔の人にとって月は、夜間の明かりであるばかりでなく、月日や時間の経過を知る目安でもありました。空の「月（moon）」と１か月をあらわす「月（month）」は同じ語から派生したものだともいわれています。

どうして つきみを するの？

むかしは つきを みながら うたを
よむ ぎょうじが ありました。それは
さくもつの みのりを かんしゃする
まつりとして ひろまって いきました。

おうちのかたへ

十五夜の月見は中国から伝わり、奈良～平安時代には、貴族の間で、月を見ながら詩歌や音楽を楽しむ遊びがさかんになりました。

こうした行事とは別に、日本には古くから満月の夜に農耕に関する祭りを行うならわしがありました。そのため、貴族から一般の人々に広まった十五夜は収穫祭としての色合いが強いものです。

室町時代から江戸時代にかけて、現在のように、稲穂に見立てたすすきを飾り、月見団子や季節の食べものを供えて、神に実りを感謝するものになっていきました。

9がつ
おわりごろ

いつ つきみを するの？

つきみは むかしの こよみの
8がつ15にちに します。
じゅうごやの あと、10がつに
つきみを する ところも あります。
このひを じゅうさんやと いいます。

おうちのかたへ

現在ではあまりさかんではありませんが、十五夜からほぼ１か月後にあたる旧暦９月13日（新暦10月中旬～下旬）にも月見をするならわしがあります。この日は「十五夜」に対し、「十三夜」と呼ばれています。十五夜に月見をして、十三夜にしないことを「片月見」といって嫌う風習もあります。

また、十五夜は「芋名月」、十三夜は「豆名月」「栗名月」とも呼ばれます。団子や旬のくだものなどとともに、それぞれの時期に収穫期を迎える芋類や、大豆・栗などを供えることからの命名です。

かぐやひめの　おはなし

むかし　おじいさんが、やまへ　たけを　きりに　いくと、いっぽんだけ　きらきらと　ひかっている　たけが　ありました。

ふしぎに　おもって　そのたけを　きると、なかには　ちいさな　かわいい　おんなのこが　すわっていました。

おじいさんは　おんなのこを　いえへ　つれてかえり、かぐやひめと　なづけて　おばあさんと　ふたりで　たいせつに　そだてました。

かぐやひめは すくすくと そだち、
とても きれいな むすめに なりました。
かぐやひめの うつくしさは
みやこでも ひょうばんに なり、
たくさんの おとこのひとが
かぐやひめに けっこんを
もうしこみました。
でも かぐやひめは、だれとも
けっこんしようと しません。

あるよるの こと、かぐやひめが つきを みあげて ないていました。おじいさんと おばあさんが しんぱいして わけを たずねると、かぐやひめは いいました。
「わたしは つきのくにから きた ものです。こんどの まんげつの よる、つきへ かえらなければ なりません。」
　びっくりした おじいさんと おばあさんは、みやこの さむらいたちに、かぐやひめを まもってくれるように たのみました。
　そして、まんげつの よる。つきからの むかえが やってきました。いえの まわりで ゆみやを かまえていた さむらいたちは あまりの まぶしさに めが あけられず、やを いる ことが できません。

「おじいさん、おばあさん、いままで
ありがとうございました。どうぞ
いつまでも おげんきで。」
そう いうと、かぐやひめは
つきへ かえっていきました。

おうちのかたへ

「竹取物語」をもとにした「かぐや姫」の物語です。かぐや姫が月へ帰っていく美しい結末は、子供の心にも強い印象を残します。こうした物語がつくられたことからも、昔から月が日本人の生活と深い関わりを持っており、人々も月に関心を寄せていたことが感じられます。

日本では古くから、月ではうさぎがもちつきをしているといわれています。これは、月面の凹凸によってできる模様を、もちつきをするうさぎにたとえたものです。月の模様には国によってさまざまな見方があり、女性の横顔や、かになどにたとえる国もあります。

9がつ
だい3げつようび

けいろうのひ

けいろうのひは　おとしよりを
そんけいし　かんしゃの　きもちを
つたえる　ひです。おじいちゃんや
おばあちゃんが　ちいさかった　ころの
おはなしなどを　きいてみましょう。

おじいちゃんは　おかあさんの
おとうさん。おとうさんの
おとうさんも　おじいちゃん。
なんだか　ちょっと　むずかしい。

おうちのかたへ

「敬老の日」は、老人を敬い、長寿を祝う日です。国民の祝日に制定される以前から、昔、聖徳太子が身寄りのない病人や老人の世話をするための施設「悲《ひ》田《でん》院《いん》」をつくったと伝えられる日にちなんで、「としよりの日」「老人の日」などと呼ばれていました。

核家族化が進む現代では、子供が身近におじいさん、おばあさんと接する機会が減っています。この日をきっかけに、おとしよりに席をゆずることなどを実行させてみてもよいでしょう。日常生活の中で、おとしよりを敬い、手助けしようとする心を育てたいものです。

9がつの ぎょうじと くらし①

ながつき＊
長月

9がつの むかしの よびかた。

ぼうさいのひ
1日

かじや じしんに そなえて ひなんくんれんなどを する ひ。

にひゃくとおか＊
1日ごろ
二百十日

りっしゅんから にひゃくとおかめ。たいふうが おおい。

はっさく＊
はじめごろ
八朔

いねの かりはじめに かみさまに ほうさくを いのる ひ。

はくろ＊
8日ごろ
白露

くうきが ひえて つゆが できはじめる じきの こと。

ちょうよう＊
9日
重陽

びょうきを しないように きくの はなや きくにんぎょうを まつる ぎょうじ。

じゅうごや
なかごろ～おわりごろ
十五夜

むかしの こよみで 8がつ15にちの よる。つきみを する。

＊の項目は178～179ページの解説を参照してください。

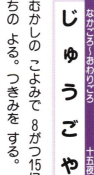

つきみだんごを つくろう

おつきみの ときに そなえる おだんご。いろいろな たべかたを くふうしてみよう。

だんごの つくりかた

ようい する もの

しらたまこ
じょうしんこ
みず

❶ 2しゅるいの こなを あわせて ふるう。

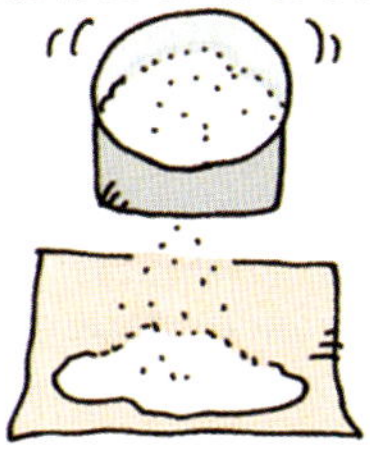

❷ みずを いれて よく こねる。

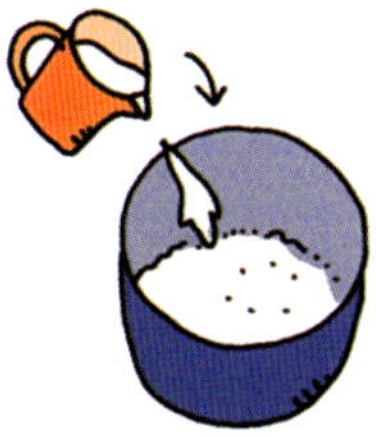

❸ だんごの かたちに まるめる。

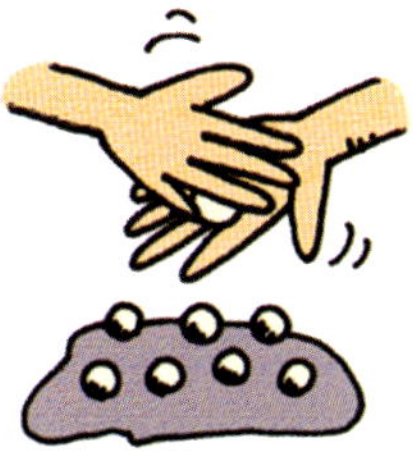

❹ ふっとうした おゆに いれて ゆでる。

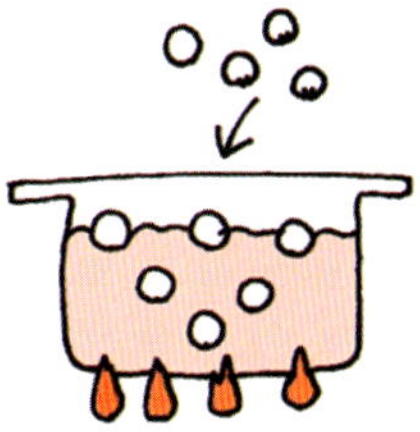

いろいろな たべかた

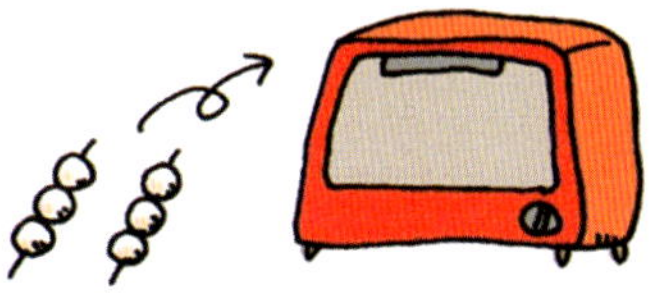

やきだんご

くしに さして
オーブントースター《おーぶんとーすたー》で やく。

ごまだんご

すった ごまと さとうを まぜる。

あんころもち

あんこを つける。

みたらしだんご

さとう、しょうゆ、みりんを にた たれを かける。

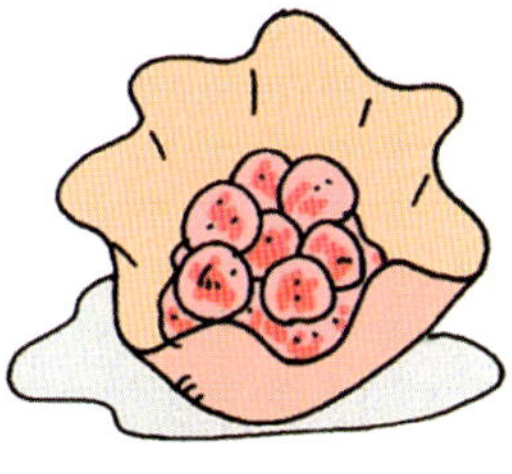

ジャム《じゃむ》だんご

ジャム《じゃむ》を つける。

9がつの ぎょうじと くらし②

おひがん
20日～26日ごろ　お彼岸

そせんの はかまいりを したり、おはぎを そなえたりする。

どうぶつあいごしゅうかん
20日～26日

どうぶつを たいせつに し、かわいがろうという しゅうかん。

あきのぜんこくこうつうあんぜんうんどう
21日～30日

こうつうあんぜんを こころがける しゅうかん。

しゅうぶん*
23日ごろ　秋分

ひると よるの ながさが おなじに なる ひ。

しゅうぶんのひ
23日ごろ

なくなった そせんの ことを おもい、なつかしむ ひ。

あきのながあめ
秋の長雨

9がつごろ、つゆの ころの ように ふりつづく あめの こと。

つゆ
露

くさや きのはに つく みずの つぶ。あきに できやすい。

たいふう

みなみの うみで おこる はげしい あめと かぜ。にほんでは なつの おわりに おおい。

*の項目は178～179ページの解説を参照してください。

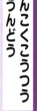

けいとう

にわとりの とさかに よく にた あかい はなが さく。

ざくろ

ちいさな たねの まわりに ついた あかい みを たべる。

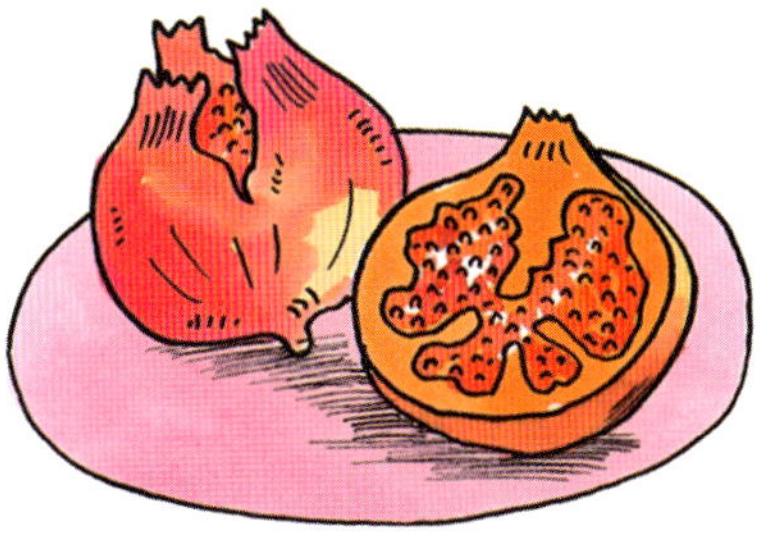

ぶどう

ちいさな あまい みが ふさに なっている くだもの。

あかとんぼ

あきに よく みられる あかい いろの とんぼ。

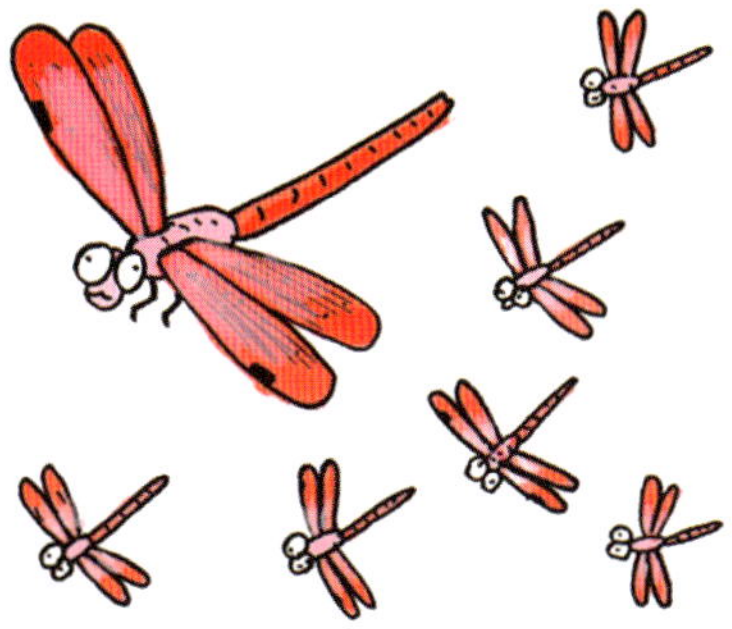

あきのななくさ

秋の七草

あきの だいひょうてきな 7しゅるいの くさばな。

あなあきえを つくろう

くろい かみに ちいさな あなを たくさん あけて、きらきら ひかる きれいな えを つくろう。

ようい する もの

くろい かみ
いろセロハン《せろはん》
ボールペン《ぼーるぺん》
だんボール《ぼーる》
しろい クレヨン《くれよん》

あなあきえの つくりかた

1. くろい かみに クレヨ《くれよ》ン《ん》で したえを かく。

2. ❶を だんボール《ぼーる》の うえに のせる。

3. せんに そって ボール《ぼーる》ペン《ぺん》で あなを あける。

4. うらに いろセロハン《せろはん》を はって できあがり。

いろいろな えを かこう

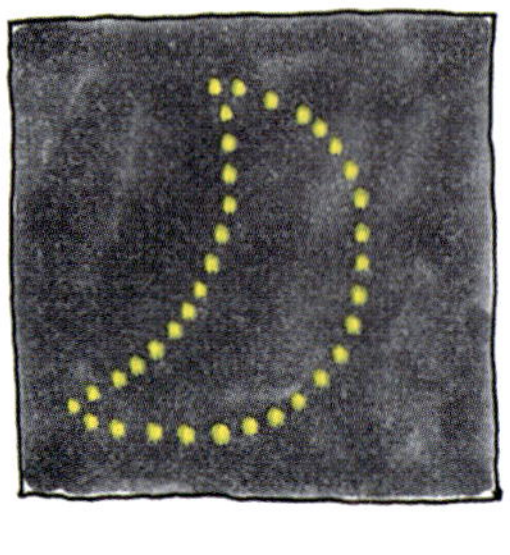

つき

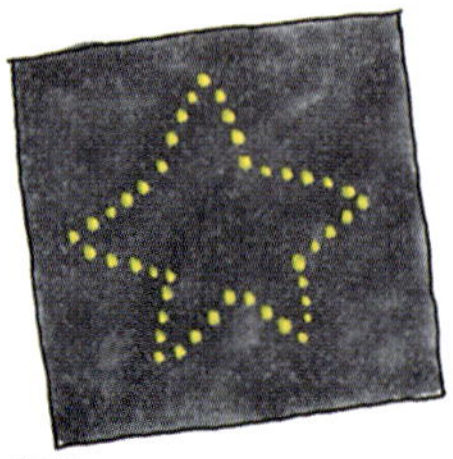

ほし

とり

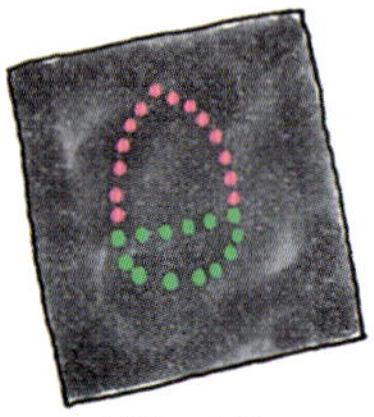

どんぐり

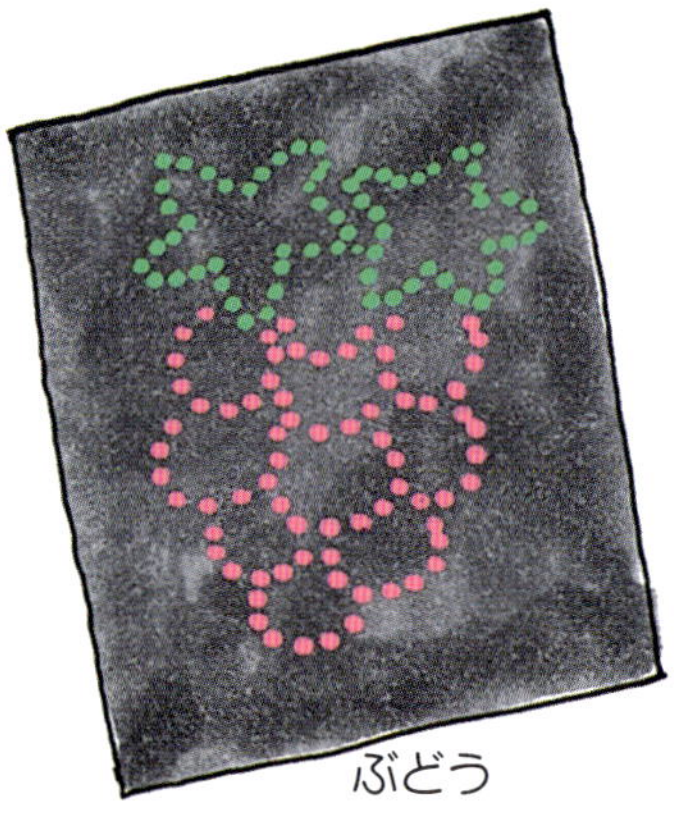

ぶどう

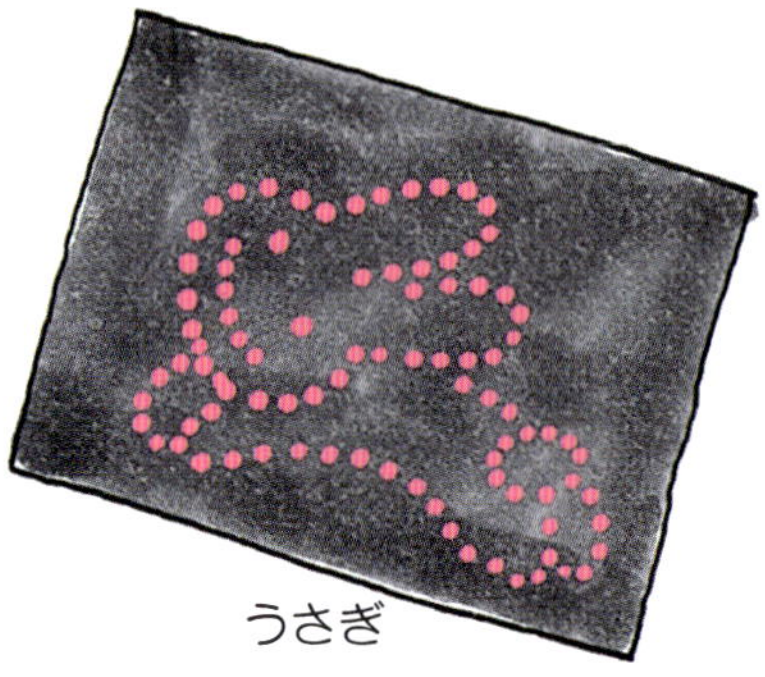

うさぎ

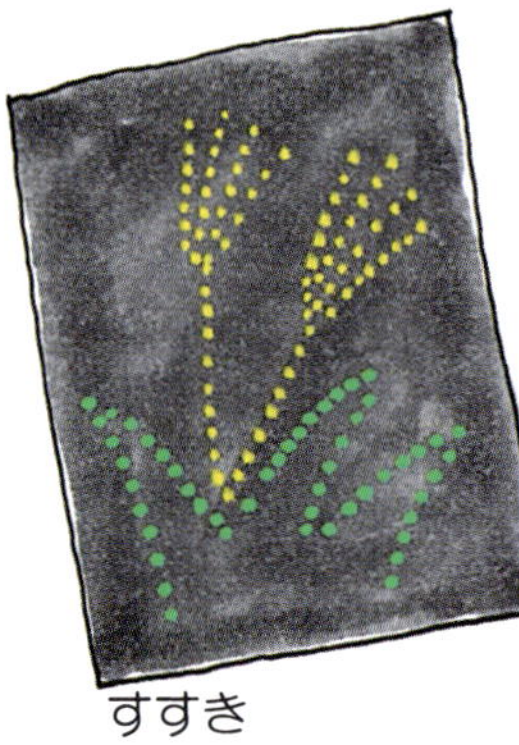

すすき

10がつ

まっかな　あき

（作詞　薩摩忠／作曲　小林秀雄）

♬まっかだな　まっかだな
つたの　はっぱが
まっかだな
もみじの　はっぱも
まっかだな
しずむ　ゆうひに
てらされて
まっかな　ほっぺたの
きみと　ぼく
まっかな　あきに
かこまれている

10
がつ
はじめごろ

うんどうかい

まちに　まった　うんどうかい。
さいごまで　がんばるぞ。
でも　いちばん　たのしみなのは
おひるの　おべんとうかな？

うんどうかいの ひは あさから どきどき。
おうちの ひとも みに きます。
かけっこや つなひき、たまいれや
ダンス。おうえんする こも みんな
いっしょうけんめい がんばります。

おうちのかたへ

秋は運動会のシーズンです。適度に涼しく、秋晴れの日が多いこの季節は、体を動かすのに最適です。

日本の学校で運動会が行われるようになったのは、明治の初め頃のことです。当初は外国人教師の指導により、大学などで実施されました。徐々に小学校などにまで広まりましたが、初期の運動会は、心身の鍛練や集団訓練といった面に重点を置いたものでした。

その後、運動会は、レクリエーション性の強いものへと変わっていき、大正時代頃には、現在行われている運動会の原型が形づくられました。

10がつの ぎょうじと くらし①

10がつ

かんなづき＊

神無月

10がつの むかしの よびかた。

かんろ＊

9日ごろ　寒露

つめたい つゆが できる じきの こと。

たいいくのひ＊

第2月曜日

スポーツ《すぽーつ》に したしみ、けんこうな からだを つくる ひ。

「体育の日」は、２０２０年から「スポーツの日」に名称が変わります。

じゅうさんや

なかごろ～おわりごろ　十三夜

9がつの じゅうごやの つぎに つきが きれいな ひ。

いねかり

みのった いねを かりとる こと。

めのあいごデー《でー》

10日

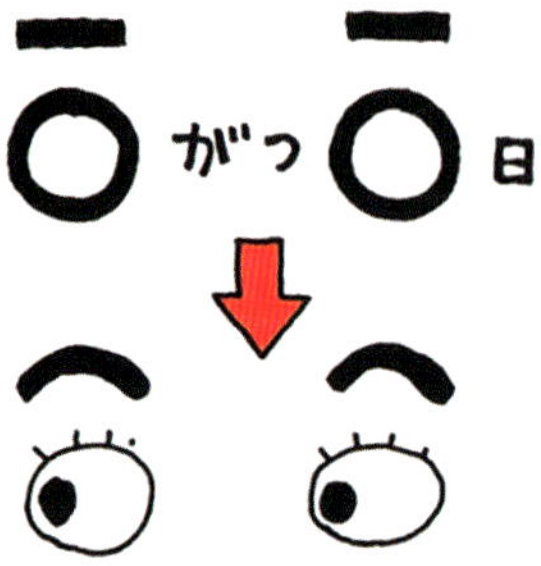

めを たいせつに しようと よびかける ひ。

どよう＊

21日～11がつ7日ごろ　土用

こよみの うえで きせつが あきから ふゆへと かわる じき。どようは ねんに 4かい ある。

＊の項目は178～179ページの解説を参照してください。

24日ごろ

そうこう*

霜降

さむくなって しもが おりはじめる じきの こと。

31日

ハロウィン《はろういん》*

キリスト《きりすと》きょうの おまつり。こどもたちが へんそうして たのしむ。

もみじがり

はが あかや きいろに かわった きを みに いく こと。

あきばれ

すっきりと はれた あきの そらの ようす。

27日〜11がつ9日

どくしょしゅうかん

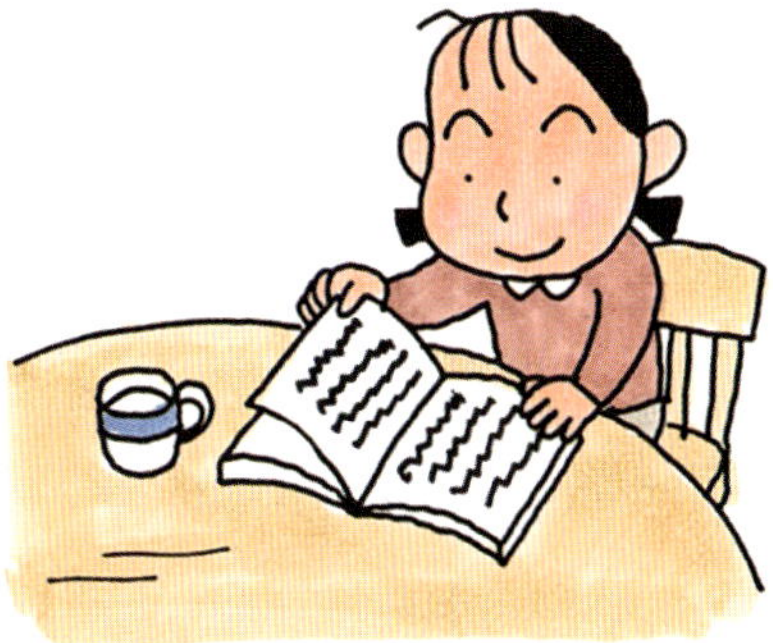

よい ほんを たくさん よもう という しゅうかん。

いもほり

さつまいもを ほりに いく こと。

もみじぜんせん

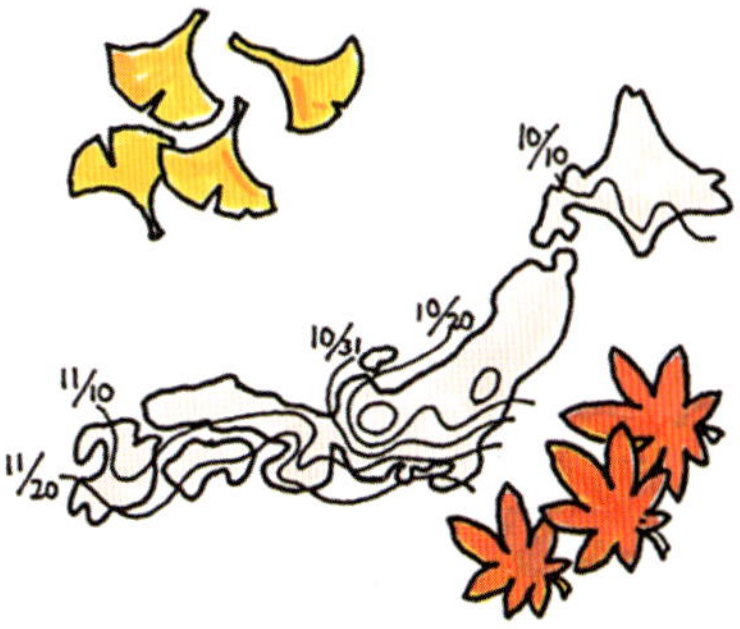

きのはが あかくなる じきを ちずに あらわした もの。

いわしぐも

いわしの むれのように みえる くも。

10がつの ぎょうじと くらし②

コ《こ》ス《す》モ《も》ス《す》

くきが ほそく ながく のびて ピンク《ぴんく》や しろの はなが さく。

きんもくせい

オレンジ《おれんじ》いろの はなが たくさん さく。よい かおりが する。

ひがんばな

まっすぐに のびた くきに あかい はなが さく。マンジュシ《まんじゅし》ヤゲ《やげ》とも いう。

もみじ

あきに なると いろが まっかに かわる きのは。

いちょう

おうぎがたの はが、あきに なると きいろに かわる。

どんぐり

ぶなや しいの きに なる、かたい み。

かき

あきに とれる くだもの。あまい ものと しぶい ものが ある。

くり

みは ちくちくと した いがに つつまれている。

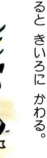

まつたけ

このじきにしか たべられない、よい かおりの する きのこ。

さんま

あきに とれた ものは、とても おいしくて えいようが ある。

あきに なく むし

あきに なると いろいろな むしが なきはじめる。

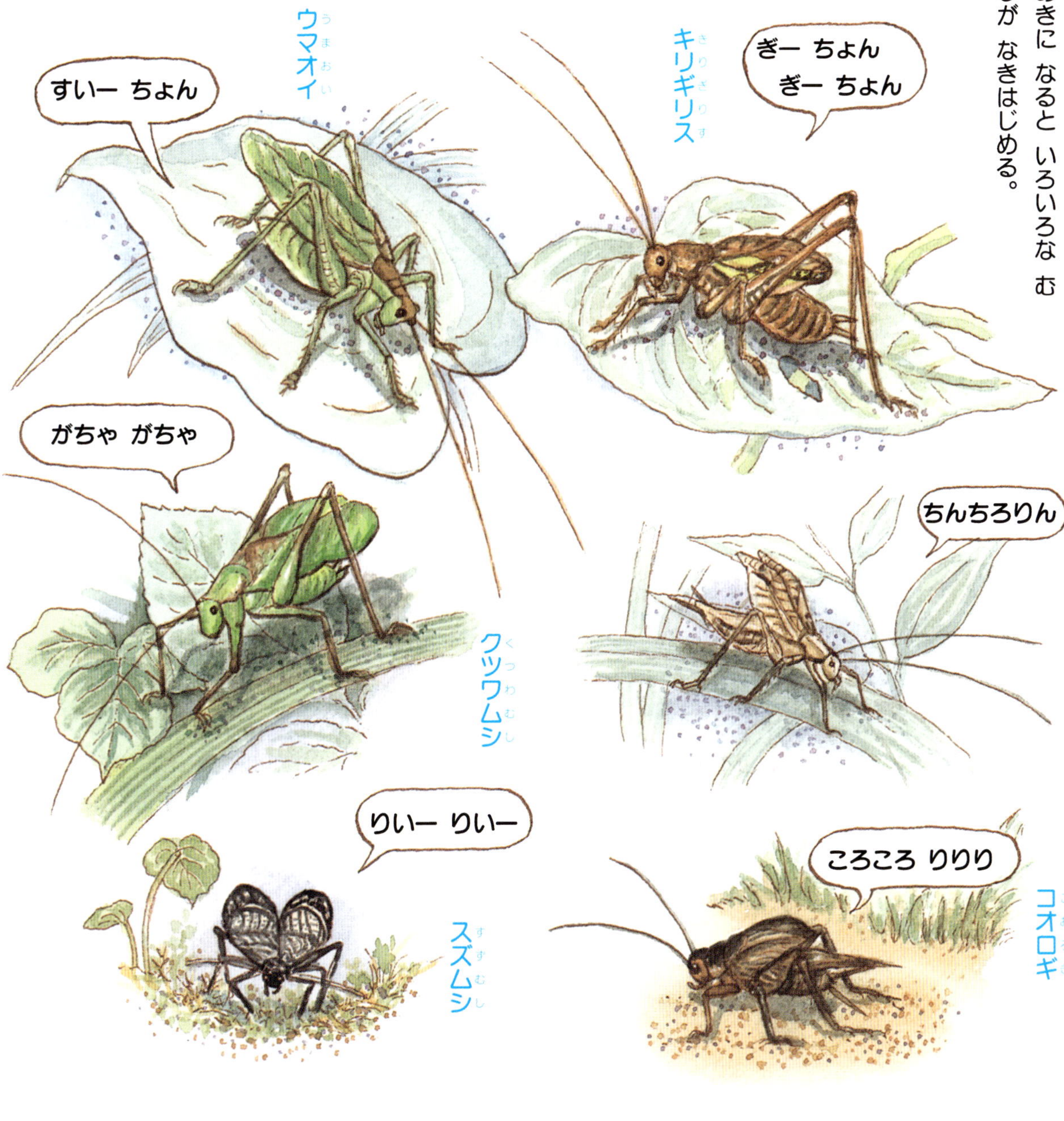

きのみや おちばで あそぼう

あきには きれいな きのみや おちばが いっぱい。たくさん あつめて おもちゃや えを つくろう。

おちばで つくる え

ようい する もの
- きのみ
- おちば
- ようじ
- せっちゃくざい
- きり
- いと

くじゃく

ひとの かお

きつね

ちょうちょ

さかな

ロケット《ろけっと》

きのみで つくる おもちゃ

こま

❶ どんぐりの あたまの ぶぶんを はずす。

❷ きりで まんなかに あなを あける。（おうちの ひとに やってもらおう。）

❸ せっちゃくざいを つけた ようじを さす。

❹ ようじを きって できあがり。（おうちの ひとに やってもらおう。）

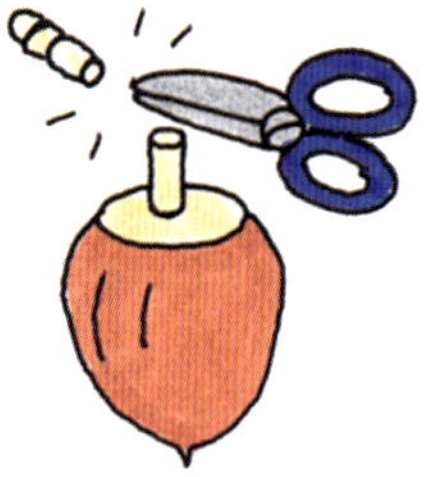

うま

どうたいは まつかさ、あたまは どんぐり、くびと あしは ようじ。

ペンダント《ぺんだんと》

❶ どんぐりの あたまの ぶぶんを はずす。

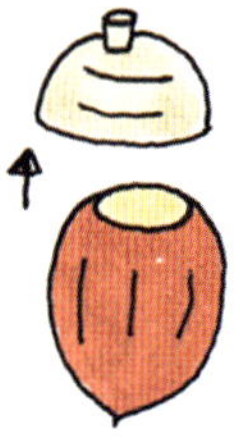

❷ あいだに いとを はさんで せっちゃくざいで つける。

❸ いとの りょうはしを むすんで できあがり。

11がつ

たきび

（作詞　巽聖歌／作曲　渡辺茂）

♬かきねの　かきねの
まがりかど
たきびだ　たきびだ
おちばたき
あたろうか　あたろうよ
きたかぜ　ぴいぷう
ふいている

11がつ 15日

しちごさん

ぼくは 5さい。いもうとは 3さい。
きょう はじめて きものを きたよ。
どうして 3さいと 5さいと
7さいに おいわいするの？

しちごさんは 3さい、5さい、7さいで こどもが ぶじに そだった ことを いわう ぎょうじです。きものを きて ちとせあめを もって、おまいりを します。

おうちのかたへ

七五三は、子供のすこやかな成長を感謝・祈願する行事です。男の子は３歳と５歳、女の子は３歳と７歳で祝います。子供たちは晴れ着を着て、親に連れられてお宮参りをします。子供が持つ千歳飴は、長生きするように、との願いを込めて細長い形につくられたものです。

昔は七五三を祝う日はとくに決まっていなかったのですが、将軍徳川綱吉《とくがわつなよし》の子・徳松《とくまつ》の祝いが11月15日に行われてから、この日に定められたといわれています。かつては関東地方を中心に行われていましたが、現在では全国的に普及しています。

しちごさんは いつから はじまったの？

しちごさんの おいわいは こどもが
3さい、5さい、7さいの ときに
かみがたや ふくそうを かえる
ぎしきを したのが はじまりです。

かみおき

はかまぎ

おびとき

おうちのかたへ

日本の古い社会には、「七つ前は神のうち」という言葉がありました。7歳になって初めて、ひとりの子供として地域社会に認められていたのです。

七五三は、幼児から子供への成長段階で行われる通過儀礼として発達してきました。地域による差はありますが、江戸時代には、男女3歳で髪置《かみおき》（それまで剃っていた髪を伸ばしはじめる）、男子5歳で袴着《はかまぎ》（初めて袴を着ける）、女子7歳で帯解《おびとき》（着物のつけひもをとり、帯を使いはじめる）の行事が行われるようになりました。

11がつの ぎょうじと くらし①

しもつき＊
霜月

11がつの むかしの よびかた。

ぶんかのひ＊
3日

えや おんがく、どくしょなどに したしむ ひ。

りっとう＊
8日ごろ　立冬

こよみの うえで ふゆが はじまる ひ。

あきのぜんこくかさいよぼううんどう
9日～15日

かじを おこさないように ちゅういしようという うんどう。

とりのいち＊
11がつとりの日　酉の市

おおとりじんじゃの おまつり。えんぎの よい くまでを うる。

きんろうかんしゃのひ
23日

はたらく ことを よろこび、かんしゃする ひ。

しょうせつ＊
23日ごろ　小雪

わずかに ゆきが ふりはじめる じきの こと。

＊の項目は178～179ページの解説を参照してください。

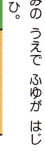

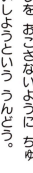

11がつの ぎょうじと くらし②

こがらし

ふゆの はじめに ふく、つよくて つめたい かぜ。

こはるびより

小春日和

ふゆ、さむい ひが つづくなか きゅうに はるのように あたたかくなる ひ。

さざんか

しろや うすい あかの はなが さく き。

りんどう

つりがねのような かたちの はなが さく。

おなもみ

のはらなどに はえる。とげの ある みが ふくなどに つく。

なんてん

ちいさくて あかい みが なり、とりが このんで たべる。

きんかん

みかんの なかま。のどの くすりにも なる。

しゅんぎく

なべりょうりなどに いれて たべる。とても えいようが ある。

やきいもを つくろう

きたかぜが さむい ひは、みんなで たきび。あたたまりながら おいしい やきいもを つくろう。

やきいもの つくりかた

ようい する もの

さつまいも
アルミホイル《あるみほいる》
おちば

❶ さつまいもを アル《ある》ミホイル《みほいる》で つつむ。

❷ たきびを する ところに いしを しく。

❸ ❷の うえに ❶の さつまいもを のせる。

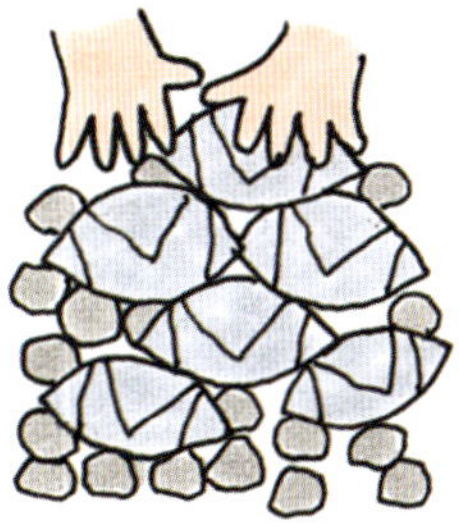

❹ おちばや かれえだを かぶせる。

❺ ひを つけて 30ぷんほど やく。

❻ やわらかくなったら できあがり。

ちゅうい かならず おとなと いっしょに やろう。

オーブントースター《おーぶんとーすたー》で つくる やきいも

❶ さつまいもを アル《ある》ミホイル《みほいる》で つつむ。

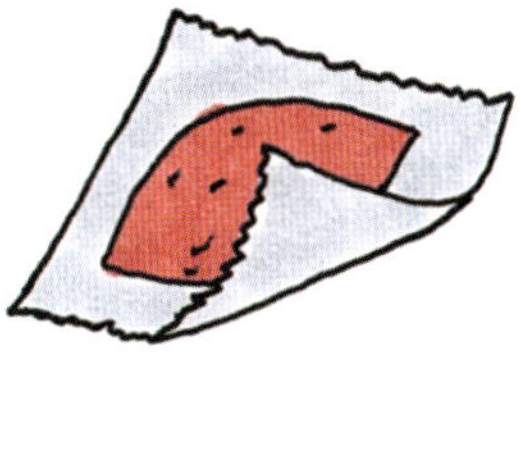

❷ オーブントースター《おーぶんとーすたー》で やく。

❸ はしを さして やわらかさを ためす。

❹ やわらかくなっていれば できあがり。

みかんの しるの あぶりだし

かみを あぶると じや えが でてくるよ。あぶりだしで ひみつの てがみを かいてみよう！

あぶりだしの やりかた

ようい する もの
みかん
ふで
かみ

❶ みかんの しるを しぼる。

❷ しるを ふでに つけて かみに えを かく。

❸ かわくと なにも みえなくなる。

❹ オーブントースター《おーぶんとーすたー》で あぶる。

あぶりだしで つくろう

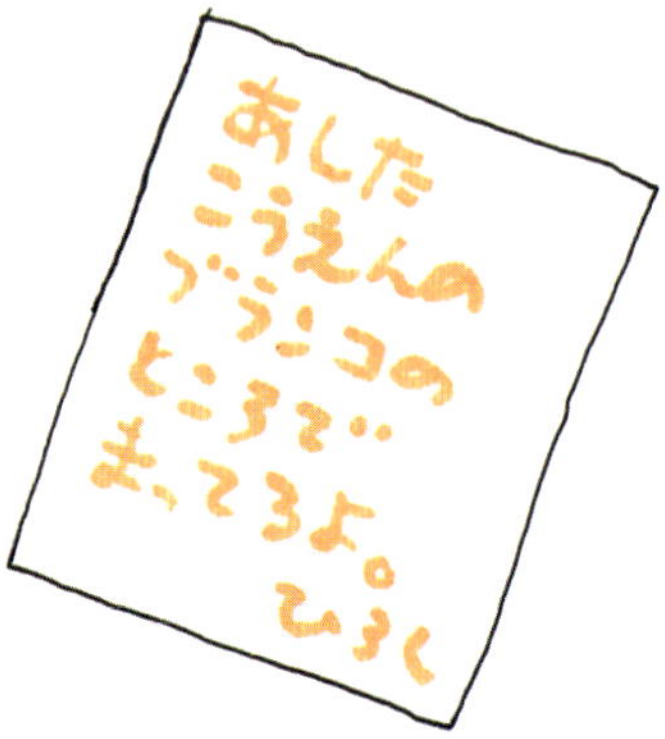

ひみつの あんごう
ともだちに ひみつの あんごうを かいて おくろう。

かくしえ
なんの えが かくれて いるのかな？

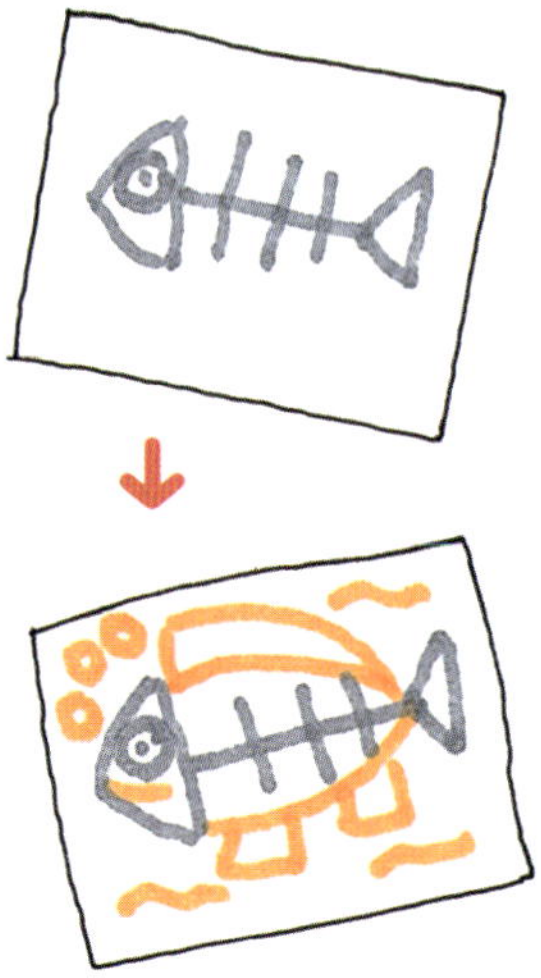

ちゅうい

ひで ちょくせつ かみを あぶらない。

オーブンでも かみが こげないていどで やめる。

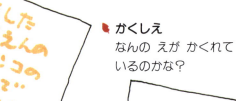

12がつ

ジングルベル《じんぐるべる》

（訳詞　あらかはひろし、音羽たかし／作曲　ピアポント）

♬ゆきを　けり　のやま　こえて
すべりゆく　かるい　そり
うたごえも　たからかに
こころも　いさむよ
そりの　あそび
ジングルベル《じんぐるべる》　ジングルベル《じんぐるべる》
すずが　なる
きょうも　たのしい
そりの　あそび
オー《おー》　ジングルベル《じんぐるべる》
ジングルベル《じんぐるべる》　すずが　なる
さあさ　いこうよ
そりの　あそび

12 がつ
24日～25日

クリスマス《くりすます》

クリスマス《くりすます》は イエス《いえす》・キリスト《きりすと》が
うまれた ひです。
クリスマス《くりすます》・ツリー《つりー》を きれいに かざり、
みんなで たのしく すごします。
よるに なると、プレゼント《ぷれぜんと》を もって
サンタクロース《さんたくろーす》が やってきます。

クリスマス《くりすます》には サンタクロース《さんたくろーす》が
プレゼント《ぷれぜんと》を もってきて
くれるんだ。ねないで
まっていれば あえるかな？

おうちのかたへ

クリスマスは、キリストの生誕を祝うキリスト教の行事です。子供たちにプレゼントを持ってくるサンタクロースの伝説と結びついて、世界中に広まりました。日本では、宗教とは関係なくクリスマスを楽しむ人も多く、年中行事のひとつとして定着しています。

キリストの生まれた日がいつなのかは、聖書にも正式には書かれていません。クリスマスの日が決められたのは４世紀頃で、昼の時間が短いこの時期に、ローマ帝国で太陽をたたえる祭りが行われていたことと関係が深いともいわれています。

クリスマス《くりすます》の もの これ なあに？

ロースト《ろーすと》チキン《ちきん》や ケーキ《けーき》は
クリスマス《くりすます》の ごちそうです。
ドア《どあ》には リース《りーす》を かけて、
クリスマス《くりすます》・ツリー《つりー》にも
かざりつけを します。

おうちのかたへ

トルコの司教、セント・ニコラスをモデルにしたと伝えられるサンタクロースは、毎年クリスマスの前夜に、プレゼントを持ってやってくるといわれています。

もみの木のクリスマス・ツリーを飾る風習は、ドイツで始まり、世界中に広がりました。冬でも葉を落とさない常緑樹は永遠の命の象徴です。クリスマス・リースはキリストが処刑の際にかぶった冠に由来しています。

クリスマスのごちそうといえば、日本ではローストチキンとケーキが定番ですが、欧米では七面鳥のローストやクリスマス・プディングなどで祝います。

12がつ
24日〜25日

せかいの クリスマス《くりすます》

クリスマス《くりすます》は せかいじゅうで
おこなわれている ぎょうじです。
すんでいる ところに よって
おいわいの しかたが ちがいます。

きょうかいの クリスマス《くりすます》

クリスマス《くりすます》の まえの ひの よる、
きょうかいでは ミサ《みさ》(れいはい)が
ひらかれ、うたを うたったり
おいのりを したりします。

ひかりの めがみの クリスマス《くりすます》

スウェーデン《すうぇーでん》の ルシア《るしあ》さいでは、
ろうそくの ついた かんむりを
かぶった めがみが がっしょうたいと
いっしょに うたを うたって
はるが くるのを いのります。

おにが くる クリスマス《くりすます》

オーストリア《おーすとりあ》では、サンタクロース《さんたくろーす》と
いっしょに おにが きます。
こどもたちは よい こに なる ことを
おにに やくそくします。

まなつの クリスマス《くりすます》

なつに クリスマス《くりすます》を むかえる
くにも あります。
サンタクロース《さんたくろーす》は
サーフボード《さーふぼーど》に のって
やってきます。

おうちのかたへ

教会では、24日の夜、ミサ(礼拝)が行われます。人々は正装してミサに参加し、クリスマスを祝います。

スウェーデンでは、12月中旬の「ルシア祭」がクリスマス行事の始まりです。夜の長い冬の季節に、1日も早い春の訪れを祈って、光の女神をまつる行事です。

オーストリアのある村では、サンタクロースといっしょにクランプスという鬼がやってきます。鬼は子供たちをおどかして、よい子になることを約束させます。

南半球の国は、夏にクリスマスを迎えます。サンタクロースがサーフボードでやってくるともいわれています。

ふゆやすみ

12がつの　おわりごろから、
ようちえんや　がっこうは　おやすみです。
さむい　ひが　つづきますが、そとで
げんきに　あそぶと、からだが　ポカポカ《ぽかぽか》
あたたかくなってきます。

ゆきが　いっぱい　ふったよ！
ゆきだるまづくりに　ゆきがっせん。
そりや　スキー《すきー》も　たのしそう。
さあ、なにを　して　あそぼうかな？

おうちのかたへ

夏休みと同様に冬休みも、各地域の教育委員会が定めるものです。公立小中学校では、夏休みは40日前後、冬休みは２週間前後（12月26日頃から１月７日頃まで）というのが一般的です。しかし、寒冷地や豪雪地帯では、風土に合わせて独自のスケジュールが組まれています。それぞれ気候がもっとも厳しい時期に、休みの期間を設定しているためです。

例えば北海道では、12月26日頃から１月17日～18日頃までが冬休みです。冬休みが長い分、夏休みは短く、７月26日頃から８月20日頃までとなっています。

12がつ おわりごろ

おおそうじ

そうじは いつも しているけれど
きょうは なんだか ようすが
ちがうぞ。どうして きょうは
とくべつ きれいに するのかな?

きょうは 1ねんの おわりの
おおそうじです。あたらしい
としを むかえるために、
いえの なかや いえの まわりを
すみずみまで きれいに します。

おうちのかたへ

大掃除は、正月を気持ちよく迎えるために欠かせない行事です。古くは12月13日に、神棚をはじめ家の内外を掃除する「すすはらい」が行われていました。しかし時期的に早すぎるため、現在では12月22日～30日頃に大掃除をする場合が多いようです。

本来のすすはらいは、ただの掃除ではなく、年神を迎えるための神聖な行事でした。笹のついた竹で家中のすすを落とし、家の中を清めることが、正月の準備の第一歩とされていたのです。現在でも神社などでは、昔ながらのすすはらいが行われています。

12がつ 31日

としこし

としこしそば

かがみもちの おそなえ
もちつき

きょうの よるは 12じまで
おきていて いいと いわれたよ。
12じに なると なにが
あるのかな？

おおそうじや かいものなど
しょうがつの じゅんびが
おわると、ことしも あと
すこしです。じょやのかねを きき、
としこしそばを たべながら、
あたらしい としを むかえます。

おおそうじ

かいもの

おうちのかたへ

正月を迎えるための年越しに欠かせないのは、除夜の鐘と年越しそばです。除夜の鐘は、12月31日の深夜12時をはさんで、108回つき鳴らされます。一般に108という数は、人間を悩ませる煩悩《ぼんのう》の数といわれています。また、暦のうえで重要な12か月・二十四節気・七十二候の数字を足した数だという説もあります。

年越しそばは、細く長くと長寿や幸福を願うものであるとか、昔、金銀細工の職人が練ったそば粉で床に落ちた金銀を集めたことから、縁起のよいものとして、年越しに食べるようになったともいわれています。

12がつの ぎょうじと くらし

しわす*
師走

12がつの むかしの よびかた。

おせいぼ
はじめ～20日ごろ

おせわに なった ひとに おくる ねんまつの おくりもの。

クリスマス《くりすます》・イブ《いぶ》
24日

クリスマス《くりすます》の まえの ひ。サン《さん》タクロース《たくろーす》が やってくる。

たいせつ*
8日ごろ　大雪

ゆきが はげしく ふりだす じきの こと。

とうじ*
22日ごろ　冬至

1ねんで ひるが いちばん みじかい ひ。かぼちゃを たべたり、ゆずの ふろに はいったり する。

すすはらい
おわりごろ

いえの すすや ほこりを はらって きれいに する こと。ねんまつに おこなう。

8日
はりくよう
↓
P.32

＊の項目は178～179ページの解説を参照してください。

おわりごろ

としのいち

ねんまつに しょうがつかざりなどを うる いちの こと。

かんぱ

寒波

さむい ところから ながれでるつめたい くうき。

ポ《ぽ》イ《い》ン《ん》セ《せ》チ《ち》ア《あ》

ク《く》リ《り》ス《す》マ《ま》ス《す》に かざる あかとみどりの はの しょくぶつ。

はくさい

おおきな はの やさい。なべものなどに よく つかわれる。

31日

おおみそか*

1ねんの さいごの ひ。としこしそばを たべたりする。

シ《し》ク《く》ラ《ら》メ《め》ン《ん》

ふゆに ほそながい かたちのあかや しろの はなが さく。

りんご

さむい ちほうで つくられるくだもの。かわが きいろい ものも ある。

かき

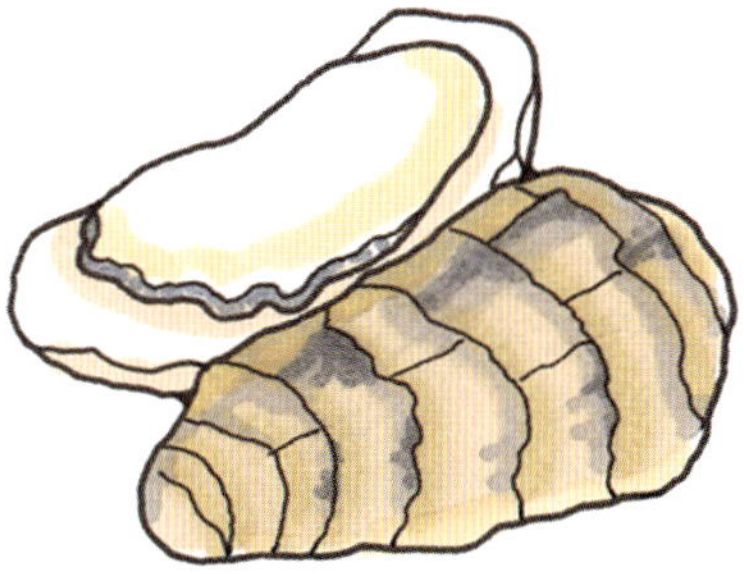

ふゆに たべる かい。ごつごつした からに はいっている。

クリスマス・ツリーを つくろう

かわいい クリスマス《くりすます》・ツリー《つりー》を つくろう！　ほしや リボン《りぼん》も たくさん かざりつけてみよう。

ようい する もの
あつがみ
ゆせいペン《ぺん》

もみのきの つくりかた

❶かたがみを うすい かみに うつして きる。

❷❶を あつがみに かさね、まわりを なぞる。

❸みきの ぶぶんは あつがみに ふたつ うつす。

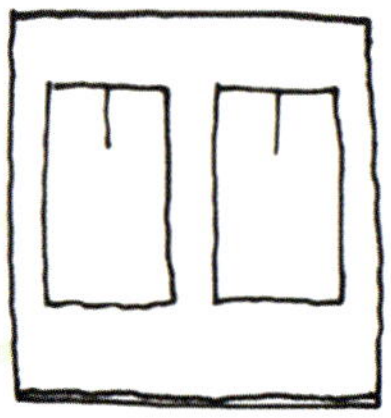

❹ゆせいペン《ぺん》などで いろを ぬる。

❺❹を きれいに きりぬく。

❻くみたてて できあがり。

かざりの つくりかた

つくった かざりを りょうめんテープ《てーぷ》で ツリー《つりー》に はろう。

ほし
きんいろの かみや
アルミホイル《あるみほいる》を
ほしの かたちに きる。

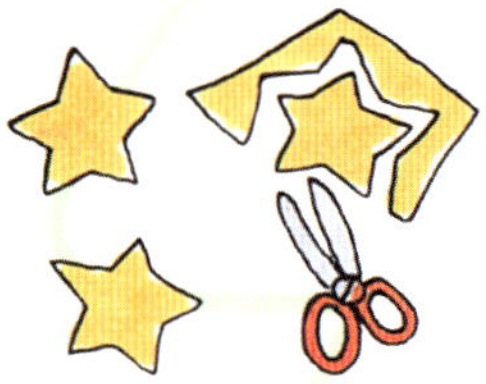

リボン《りぼん》
ほそい リボン《りぼん》を
ちょうむすびに する。

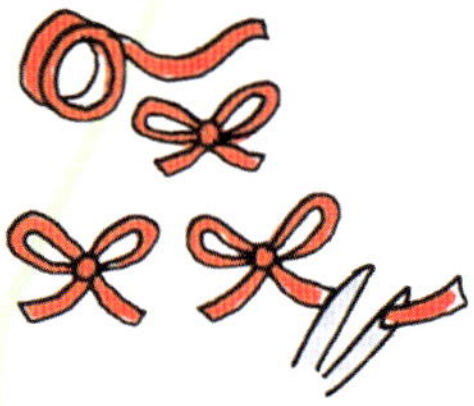

ステッキ《すてっき》
あつがみを ステッキ《すてっき》の
かたちに きり、
もようを かく。

ゆき
わたを ちいさく
ちぎり、うすく のばす。

さとやまの くらし

ふるさと

（作詞　高野辰之／作曲　岡野貞一）

うさぎ おいし かのやま
こぶな つりし かのかわ
ゆめは いまも めぐりて
わすれがたき ふるさと

いかに います ちちはは
つつがなしや ともがき
あめに かぜに つけても
おもいいずる ふるさと

さとやまの はる

しょくぶつや いきものたちが
はるかぜに ふかれて うれしそう。
ひとびとの くらしも こめづくりも
あたらしい はじまりの きせつだね。

なえは すうほんずつ
てで うえます。
かぞくや しんせき、
きんじょの ひとたちが
みんなで たすけあいます。
なえは
ひとつぶの たねから
こころを こめて
そだてた ものです。

おうちのかたへ

日本には四季があります。人々は長い間、めぐる季節に身をゆだね、自然と密接にかかわりながら、衣食住の営みを続けてきました。里山には、山や雑木林、田んぼなどがあり、

そこにはさまざまな生き物がすんでいます。家族や親戚、近所の人たちは、その年の良い天候と豊作を祈って心を一つにし、米作りを協力して行いました。

田植えの苗は、春の初めにまいた種を大切に育てたもので、手作業の田植えは、たいへんな手間と労力を必要としました。子供も家の一員として、よく手伝いをしました。

さとやまの なつ

まぶしい たいようの したで、
せみが だいがっしょう しているよ。
やまや たんぼや ひまわりも
あつい あついと いっている みたい。

なえは
あおあおと せを のばし
うえたころの なんばいにも
くきを ふやして、
りっぱな ねっこを
はっています。
ひとびとは
あさの すずしい じかんに
いねの あいだの
くさを とります。

おうちのかたへ

梅雨の恵みを受けて、稲はすくすくと生長します。この時期の田んぼは、山の中のため池から引いた水でうるおい、そこではさまざまな生き物が命の営みを繰り広げています。

人々は、あぜ道を毎日何度も行き来して、田んぼの見回りを欠かしません。水が抜けて田んぼの水位が下がったり、草が伸びて稲が日陰になったりしないよう、みんなで手わけして気を配りました。また、稲の病気にも目を光らせました。それらはすべて、自然の中の自分たちの暮らしを、しっかりと守るためだったのです。

さとやまの あき

やまや いねが あざやかな いろに
かわったよ。まんまるに みのった
こがねいろの いなほは、
かぜに ゆれて わらって いる みたいだね。

いねは
こがねいろに ひかり、
みのった いなほは、
おじぎを するように

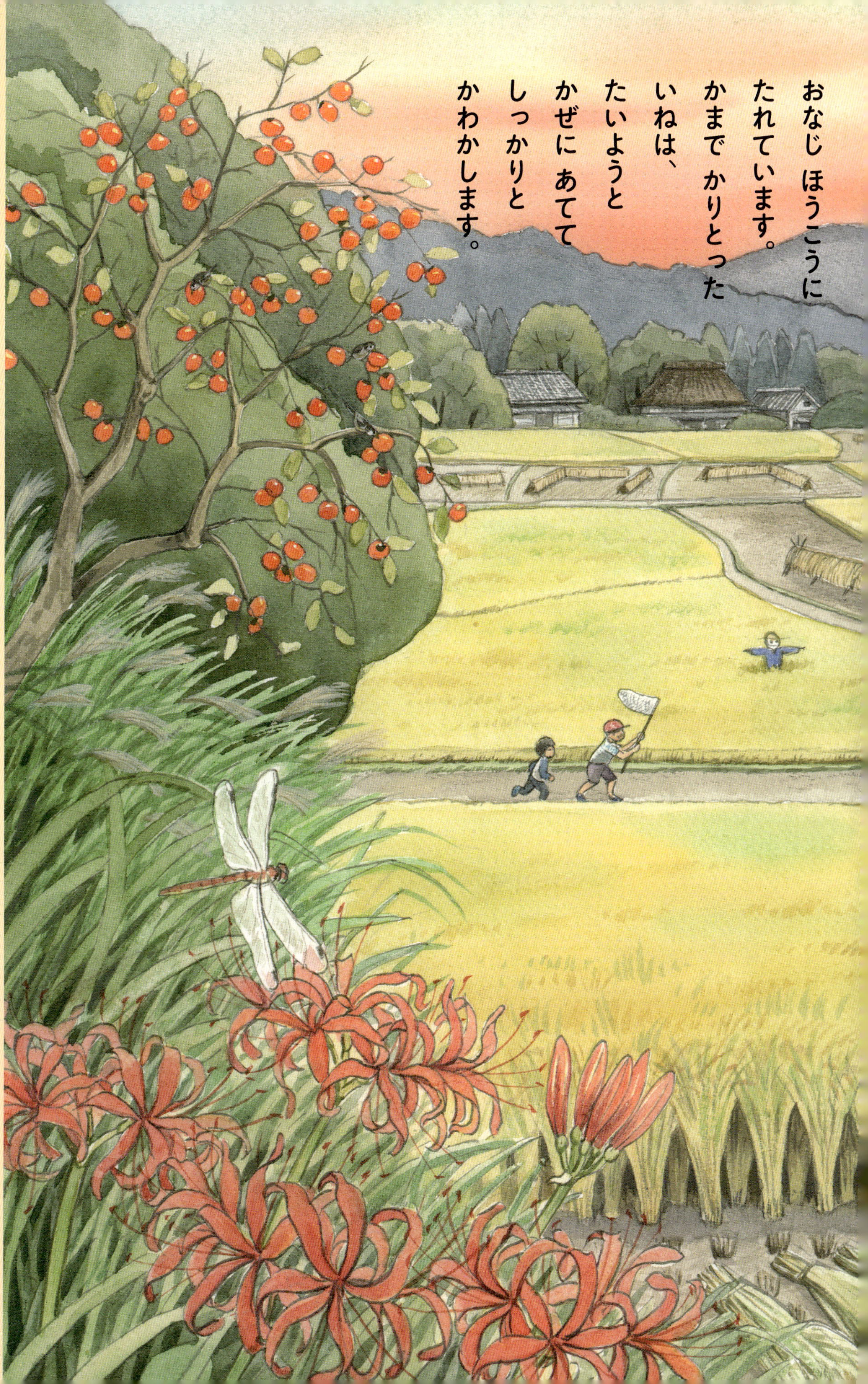

おなじ ほうこうに
たれています。
かまで かりとった
いねは、
たいようと
かぜに あてて
しっかりと
かわかします。

おうちのかたへ

　稲が収穫の時期を迎えると、人々は実りに感謝し、里山はにぎやかになります。
　稲は、一株ずつかまを使って刈り取り、水分をとばすために干して乾燥させます。干し方は、地方の気候や地形によってさまざま。
わたしたちがいつも食べるごはんは、十分に乾燥させた稲の茎と実をわけてから脱穀《だっこく》し、実のもみがらと表面の薄皮を外《はず》したものです。

　収穫が終わると、田んぼには稲の株が点々と残ります。株は冬を越し、春に田んぼを耕すときの肥料になります。人々の手間と時間は、季節を越えてつながっていくのです。

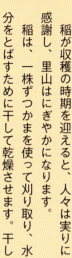

さとやまの ふゆ

たくさん あそんだ かえりみちは
とても しずかだ。みみを すますと、
わらしごとをする おとや ねむっている
どうぶつの ねいきが きこえるよ。

たんぼには ゆきが つもり
そとは とても しずかです。
おじいさんや おばあさんは
いろりの そばで わらしごとをし、
むしろや なわや ぞうりを つくります。
じぶんたちの てで
くらしの どうぐを うみだすのです。

おうちのかたへ

冬になると、人々は家の中で過ごします。秋に脱穀《だっこく》して残ったわらは、加工しやすく頑丈で、人々はそれを材料に道具を作って生活に役立てました。道具は、使い古すと繰り返し補修し、最後は堆肥《たいひ》として田畑にまきます。わらで作った道具を大切にすることは、春から秋の自分たちの暮らしを大切にすることであり、人々は自然の恵みを受け継いで、しっかりと大地に恩返しをしていたのです。季節や天候の変化に寄りそった里山の暮らしは、わたしたちに自然の循環や生き物の命について教えてくれます。

むかしの いえ

なつやすみに いなかの おじいちゃんと おばあちゃんの いえ みたい。いえの まわりでは、むしの こえが きこえるかな？

にほんに むかしから
ある いえは、だいたい、
やねは かやぶきやねで、
へやには たたみが
しかれています。
なつは かやを つって、
かに さされないように
そっと すそを もちあげて、
なかに はいって ねます。

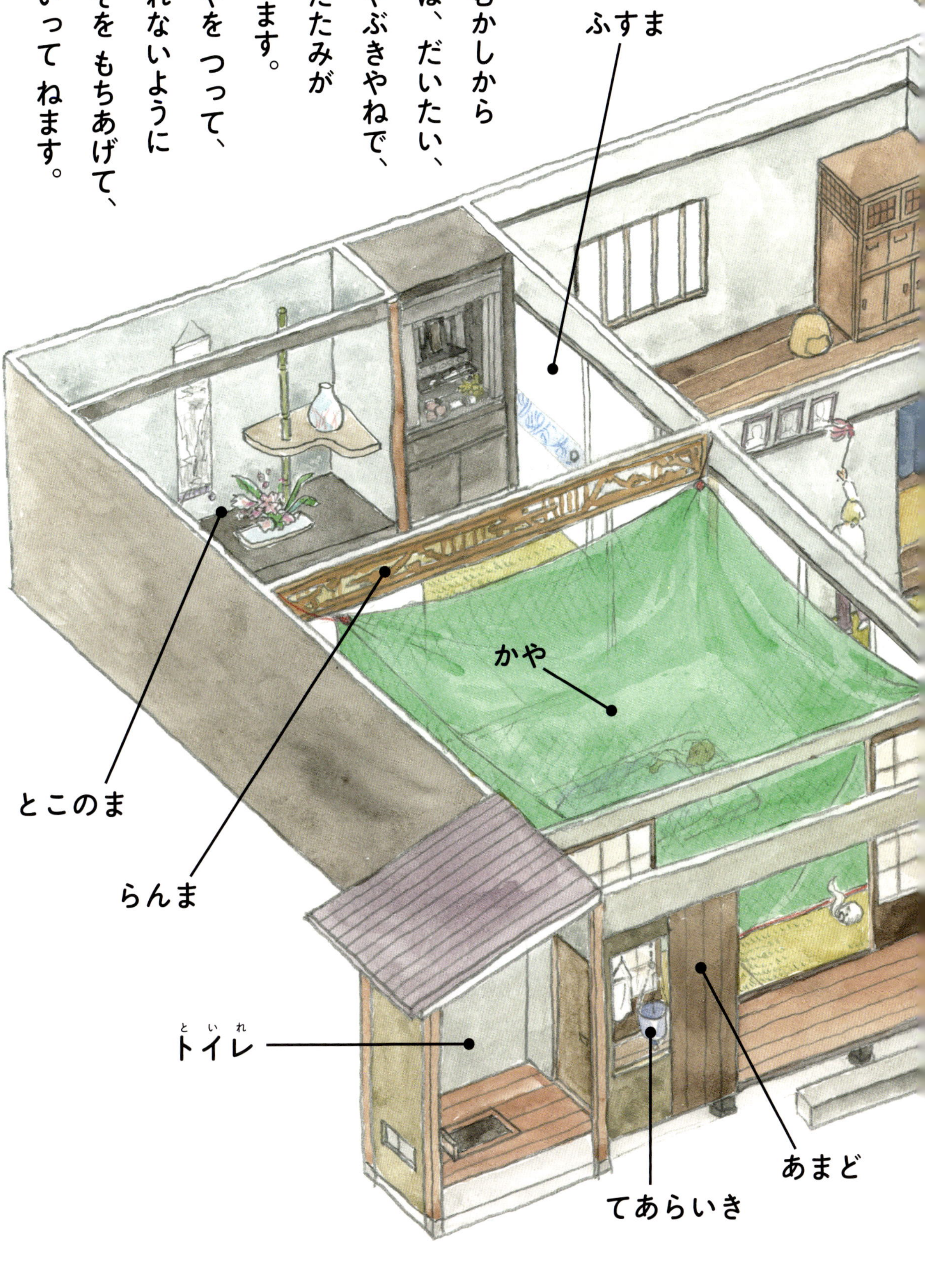

おうちのかたへ

半世紀くらい前の里山で、人々が住んでいた一般的な家屋です。
入り口を入ると土間があり、かまどがありました。かまどの燃料には、山でとったまきを使いました。生活に使う水は、井戸から汲んで水がめに入れておき、必要な分をひしゃくですくって使いました。自然の資源を大切にして、暮らしていたことがわかります。

部屋には壁がなく、障子や襖《ふすま》で区切られていました。部屋と庭の間には縁側があり、夏の暑さや冬の寒さが直接部屋に入らないように工夫されていました。

だいどころ

たけづつで まきを ふく おとと
ごはんが たける ゆげと におい。
てまと じかんを かけた ごはんは、
いまよりも おいしいのかな？

しょくじは
どまで つくります。
すいどうが ないので、
みずは たいせつに
つかいます。
むかしの ひとは、
じぶんの てと
かんかくを たよりにして、
ひの おおきさや
できあがりを はんだんしました。

おうちのかたへ

食事作りの中心は土間です。土の地面の上に、直接、かまど、流し、水がめなどが置かれていました。かまどでは、ごはんを炊いたりお湯を沸かしたりします。まきを燃やして火を調節するので、手間と時間が必要でした。

土間から一段高い居間にあるいろりは、家の中心です。かまどといろりを行き来しながら、煮物や汁物を作ることもあり、いろりから出る煙は、かやぶき屋根の中にいる虫を退治するのに役立ちました。食事のときは、いつも家族は決まった席に座り、春は山菜、秋はきのこなどの山の恵みをいただきました。

くらしの どうぐ

はじめて みる ものも あるね。
どうやって つかう ものかな？
いたの うえに のる おふろに、
いちど はいって みたいな。

むかしの くらしの どうぐで、
いまでは つかわれていない ものも あります。
せんたくを したり、
おふろを わかしたり するのも、
ひとの ちからが ひつようで、
かぞくで たすけあって
くらしました。

ゆたんぽ

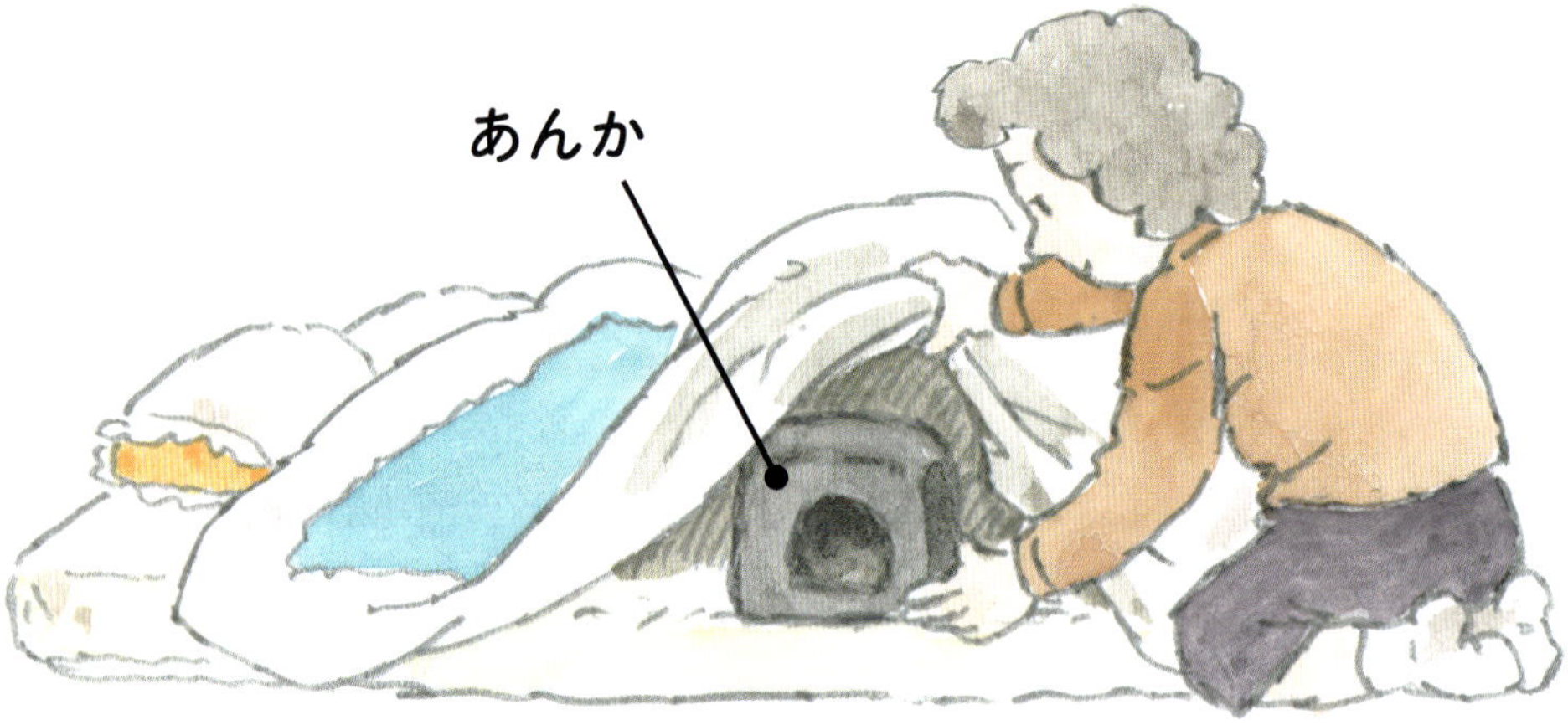
あんか

かいまき

おうちのかたへ

　最近では、ふとんをたたんで押し入れにしまう家庭は、少なくなっているかもしれません。昔は、古くなった着物を使って、自分たちのふとんを作り、使い古すと、布を洗ったり綿を打ち直したりして、繰り返し使いました。あんかは、陶器の枠に炭を入れたもので、ふとんの中に直接入れて使っていました。

　トイレは、床に穴を開けた形のくみ取り式。トイレットペーパーのかわりに、そばにある紙を使いました。またお風呂は、薪を使って沸かす五右衛門風呂です。底が熱いので、丸い板を沈め、その上に乗って湯につかります。

トイレ《といれ》

ごえもんぶろ

さとやまの あそび

やまや かわで たくさん あそんだよ。ほかに どんな あそびが あったかな？

たけうま

くさぶえ

さかなとり

ほたるがり

ゆきあそび

きょうは なんの ひ？ カレンダー

本文にも掲載されている項目は青色であらわしています。また、行事が何日かにわたる場合は、その行事の始まりの日に掲載しています。

1がつ

1 元日／元旦／初詣で／初日の出
2 年始／書き初め／初荷
4 この頃仕事始め
6 消防出初式
7 七草粥／七日正月
10 十日戎《とおかえびす》／110番の日
11 鏡開き
13 この頃成人の日（第2月曜日）
15 小正月
16 藪《やぶ》入り
20 二十日正月《はつかしょうがつ》／二十日戎《はつかえびす》
23 ふみの日
26 文化財防火デー
27 国旗制定記念日
31 三十日正月《みそかしょうがつ》

2がつ

3 この頃節分
5 この頃初午
6 海苔の日
8 針供養
9 ふく（ふぐ）の日
10 ニットの日
11 建国記念の日／紀元節／文化勲章制定記念日
14 バレンタインデー
22 猫の日／世界友情の日
23 天皇誕生日／ふみの日
28 ビスケットの日
29 うるう日《び》（うるう日は4年に1度設けられる）

3がつ

1 春の全国火災予防運動1日～7日
3 ひな祭り／耳の日／平和の日
4 ミシンの日
7 消防記念日
8 国際婦人デー／ミツバチの日
14 ホワイトデー
15 靴の記念日／万国博物館記念日
18 この頃お彼岸
20 動物愛護デー
21 この頃春分の日
22 放送記念日／国際水の日／この頃イースター
23 ふみの日／世界気象の日
25 電気記念日

きょうは なんの ひ? カレンダー

本文にも掲載されている項目は青色であらわしています。また、行事が何日かにわたる場合は、その行事の始まりの日に掲載しています。

4がつ

- 1　エイプリル・フール
- 6　春の全国交通安全運動6日～15日
- 7　世界保健デー
- 8　花祭り
- 11　メートル法公布記念日
- 12　世界宇宙飛行の日
- 15　ヘリコプターの日
- 18　発明の日
- 20　逓信《ていしん》記念日
- 21　民放の日
- 23　サン・ジョルディの日／ふみの日
- 29　昭和の日
- 29　ゴールデンウィーク29日～5月5日
- 30　図書館記念日

5がつ

- 1　メーデー／憲法週間1日～7日
- 1　こどもの読書週間1日～14日
- 3　憲法記念日
- 4　みどりの日
- 5　こどもの日（端午の節供（句））
- 8　世界赤十字デー
- 9　アイスクリームの日
- 10　愛鳥週間10日～16日
- 11　この頃母の日（第2日曜日）
- 12　看護の日
- 15　沖縄復帰の日
- 17　世界電気通信の日
- 20　東京港開港記念日
- 22　ガールスカウトの日
- 23　ふみの日
- 29　こんにゃくの日
- 30　ゴミゼロの日
- 31　世界禁煙デー

6がつ

- 1　衣がえ／氷の朔日／気象記念日
- 1　写真の日／電波の日／ねじの日
- 3　測量の日
- 4　虫歯予防デー／歯の衛生週間4日～10日
- 5　世界環境デー
- 10　時の記念日
- 11　かさの日
- 16　和菓子の日
- 19　ベースボール記念日
- 20　この頃父の日（第3日曜日）
- 21　冷蔵庫の日
- 23　オリンピック・デー／ふみの日
- 23　沖縄慰霊の日
- 24　UFOの日
- 28　貿易記念日

きょうは なんの ひ？ カレンダー

7がつ

- 1日：この頃海開き・山開き／国民安全の日
- 2日：ユネスコ加盟記念日
- 7日：七夕／ゆかたの日
- 10日：納豆の日
- 11日：世界人口デー
- 13日：この頃お盆13日～15日頃／日本標準時制定記念日
- 14日：港の衛生週間14日～20日頃
- 16日：藪入り
- 18日：この頃海の日（第3月曜日）
- 21日：自然公園の日
- 22日：下駄の日
- 23日：ふみの日

8がつ

- 1日：水の日
- 2日：パンツの日
- 3日：はちみつの日／ハサミの日
- 4日：箸・橋の日
- 6日：広島原爆記念日
- 7日：鼻の日／バナナの日
- 8日：ソロバンの日
- 9日：ながさき平和の日
- 10日：道の日／帽子の日
- 11日：山の日
- 13日：この頃お盆13日～15日頃
- 15日：終戦記念日
- 19日：俳句の日／バイクの日
- 23日：ふみの日
- 29日：文化財保護法施行記念日
- 30日：防災週間30日～9月5日
- 31日：野菜の日

9がつ

- 1日：防災の日
- 4日：くしの日
- 6日：黒の日
- 8日：国際識字デー
- 9日：重陽の節供（句）／救急の日
- 12日：宇宙の日
- 18日：この頃敬老の日（第3月曜日）
- 20日：この頃十五夜／この頃お彼岸／動物愛護週間20～26日
- 21日：秋の全国交通安全運動21日～30日
- 23日：この頃秋分の日／ふみの日
- 29日：クリーニングの日

きょうは なんの ひ? カレンダー

本文にも掲載されている項目は青色であらわしています。また、行事が何日かにわたる場合は、その行事の始まりの日に掲載しています。

10がつ

- 4 イワシの日
- 6 国際協力の日
- 9 世界郵便の日
- 10 目の愛護デー
- 11 この頃体育の日（第2月曜日）
- 14 鉄道の日
- 15 新聞週間15日～21日
- 16 世界食料デー
- 17 この頃十三夜／貯蓄の日
- 18 冷凍食品の日
- 20 リサイクルの日
- 21 あかりの日
- 23 電信電話記念日／ふみの日
- 24 国際連合の日
- 26 原子力の日
- 27 読書週間27日～11月9日
- 31 ハロウィン／ガス記念日

11がつ

- 1 灯台記念日／犬の日
- 1 教育、文化週間1日～7日
- 3 文化の日
- 4 ユネスコ・デー
- 9 秋の全国火災予防運動9日～15日
- 9 太陽暦採用記念日／119番の日
- 10 トイレの日
- 15 七五三
- 20 世界の子どもの日
- 23 勤労感謝の日／ふみの日
- 27 ノーベル賞制定記念日
- 28 税関記念日

12がつ

- 1 歳末助けあい運動1日～31日
- 1 世界エイズデー／省エネルギー総点検の日
- 3 国際身障者デー／カレンダーの日
- 4 人権週間4日～10日
- 5 国際ボランティア・デー
- 8 針供養／太平洋戦争開戦記念日
- 9 障害者の日
- 10 人権デー
- 22 この頃大そうじ（すすはらい）
- 23 ふみの日
- 24 クリスマス・イブ
- 25 クリスマス
- 31 おおみそか

おうちのかたへ

年中行事は、日本の四季や暦との関係が深いものです。ここでは暦と天体の運行をはじめ、季語や干支《えと》などについて簡単に解説します。

春

あさつき／朝寝／あさり／アスパラガス／暖か／あぶ／あわび／淡雪／植木市／うぐいす餅／薄ら氷／梅見／うららか／遠足／おたまじゃくし／おぼろ月／蚕／蛙／かげろう／霞／霞草／黄水仙／暮れの春／クローバー／クロッカス／桜／桜鯛／桜餅／残雪／しじみ汁／しゃぼん玉／十三参り／春暁／春闘／春雷／白魚／蜃気楼／杉花粉症／巣立ち／ぜんまい／早春／卒業／茶つみ／チューリップ／土筆／燕／菜種梅雨／夏近し／菜の花／苗代／入学／猫の恋／のどか／海苔／蜂／花曇り／花冷／花祭り／花見／春浅し／春一番／春風／春時雨／春の蚊／春の風邪／春の日／春の夜／春深し／春めく／晩春／彼岸／ひな祭り／ひばり／ヒヤシンス／風船／ふきのとう／藤／ぶらんこ／フリージア／ほたるいか／水ぬるむ／柳／山笑う／雪の果／余寒／立春／流氷／れんげ草／若鮎／別れ霜／わさび漬

夏

アイスクリーム／青田／赤潮／秋近し／朝曇り／朝焼け／あせも／穴子／あめんぼ／打ち水／団扇／梅干し／雲海／炎天／風薫る／かたつむり／雷／帰省／キャンプ／きゅうり／金魚／草刈り／葛餅／雲の峰／グラジオラス／黒南風（くろはえ）／毛虫／鯉のぼり／氷水／さくらんぼ／サボテン／五月雨／さるすべり／サルビア／清水／初夏／白玉／白南風（しろはえ）／新茶／新緑／盛夏／扇風機／田植え／滝／ダリア／梅雨／梅雨明け／てんとう虫／ところてん／夏草／入梅／寝冷え／薄暑／鱧（はも）／ばら／晩夏／ハンモック／ビール／日傘／日盛り／避暑／日向水／ひまわり／日焼け／冷麦／冷奴／昼顔／風鈴／プール／ほおずき市／ボート／水遊び／水羊羹／麦の秋／虫干し／めだか／夕涼み／夕立／夕凪／夕焼け／ヨット／夜店／夜の秋／雷鳥／立夏／緑蔭／林間学校／冷蔵庫／若葉

秋

赤い羽根／秋風／秋時雨／秋立つ／秋茄子／秋の暮／秋の声／秋晴れ／秋祭り／朝顔／いなご／稲妻／稲／稲刈り／芋虫／うそ寒／運動会／枝豆／送り火／落穂／おみなえし／かえで／かかし／柿／風の盆／神の旅／神渡し／雁／刈田／桔梗／菊／今日の月／霧／きりぎりす／きりたんぽ／銀河／ぎんなん／くつわ虫／栗／くるみ／こおろぎ／コスモス／ごぼう／ごま／さわやか／残暑／さんま／地蔵盆／じゃがいも／秋冷／不知火／新酒／新蕎麦／新米／新涼／西瓜／すすき／鈴虫／相撲／走馬灯／大文字／竹の春／月／月見／つくつく法師／露／吊し柿／唐辛子／とうもろこし／とんぼ／梨／野菊／野分／初嵐／初霜／ひぐらし／ぶどう／冬支度／冬隣／ほうせんか／ほおずき／星月夜／松茸／松虫／水澄む／迎え火／もず／宵闇／夜長／夜なべ／落花生／蘭／流星／りんご／早稲／渡り鳥

冬・新年

冬●あかぎれ／あられ／あんこう／兎／落ち葉／大晦日／帰り花／牡蠣／風花／火事／風邪／鴨／枯尾花／枯木／枯野／寒稽古／寒椿／寒梅／寒の雨／寒の入り／北風／着ぶくれ／コート／小春／さざんか／霜／霜やけ／霜夜／除夜の鐘／隙間風／スキー／スケート／ストーブ／咳／雑炊／大根／玉子酒／手袋／冬眠／年の暮／白菜／葉ぼたん／ふぐ／ふとん／冬霞／冬桜／冬日和／ボーナス／マフラー／豆まき／霧氷／餅つき／山眠る／雪囲い／雪合戦／雪だるま／雪見／雪焼け／湯冷め／ゆたんぽ

新年●小豆粥／売り初め／鏡餅／書き初め／門松／かるた／元日／元旦／元朝／けいこ初め／小正月／こま／仕事始め／獅子舞／歯朶（しだ）／雑煮／出初め／年玉／屠蘇（とそ）／寝正月／年賀／羽子板／初便り／初日／初富士／初夢／破魔矢／福寿草／松納め／嫁が君／若菜／若水

1月 P.20～P.24

むつき（睦月）…正月で家族が集まり、親しみ睦みあう月、の意。

ねんし（年始）…年賀、年礼などともいう。一般に元日は避けるものとされている。

しょうかん（小寒）…二十四節気《にじゅうしせっき》のひとつ。冬至から約15日後。

どよう（土用）…雑節《ざっせつ》のひとつ。立春前の18日間。

だいかん（大寒）…二十四節気のひとつ。小寒から約15日後。

はるのななくさ（春の七草）…七草の種類は地方によって異なり、なずなだけを用いるところもある。

2月 P.32～P.33

きさらぎ（如月）…古くは「衣更着」と書いた。寒くなり、着るものをさらに増やす月、の意。

りっしゅん（立春）…二十四節気のひとつ。昔の暦で年の始まりとされていた日。

はつうま（初午）…2月最初の午《うま》の日に行われる。

はりくよう（針供養）…地域により、12月8日に行ったり、2月と12月の年2回行ったりする。

バレンタインデー…チョコレートを贈るのは日本独自の風習。本来は、カードなどを交換する。

うすい（雨水）…二十四節気のひとつ。立春から約15日後。

3月 P.44～P.46

やよい（弥生）…草や木がおいしげる月、の意。

けいちつ（啓蟄）…二十四節気のひとつ。

おひがん（お彼岸）…雑節のひとつ。春と秋の2回あり、それぞれ春分・秋分の日をまん中にはさむ7日間。初日を「彼岸の入り」、まん中の日を「彼岸の中日」、最終日を「彼岸の明け」という。

しゅんぶん（春分）…二十四節気のひとつ。太陽が黄経0度（春分点）を通過する日。この日、太陽は、ほぼ真東からのぼって真西に沈む。

イースター…春分後の満月から最初の日曜日に行われる。復活祭ともいう。

4月 P.56～P.59

うづき（卯月）…卯の花の咲く月、の意。

エイプリル・フール…フランスで始まった習慣。フランスでは「4月の魚」と呼ぶ。簡単にひっかかる人を4月にたくさんとれる魚にたとえたもの。

せいめい（清明）…二十四節気のひとつ。春分から約15日後。

どよう（土用）…雑節のひとつ。立夏前の18日間。

こくう（穀雨）…二十四節気のひとつ。

こうさ（黄砂）…この時期、中国の砂漠の砂（黄砂）が強い風で巻きあげられ、海を越えて日本にまで届くことがある。

二十四節気と雑節については182ページを参照して下さい。

5月 P.68～P.71

さつき（皐月）…早苗を植える月の意、「早苗月」が縮められたもの。「早月」とも書く。

はちじゅうはちや（八十八夜）…雑節のひとつ。この頃から天候が安定し、八十八夜以降はめったに霜がおりないことから、昔はこの日を、本格的な農作業を始める日安にしていた。

りっか（立夏）…二十四節気のひとつ。

しょうまん（小満）…二十四節気のひとつ。立夏から約15日後。

はなしょうぶ（花菖蒲）…端午の節供（句）に飾る菖蒲はサトイモ科で、花菖蒲とは別の植物。

6月 P.78～P.80

みなづき（水無月）…暑さで水がなくなる月の意。田に水を張るという意で、「水張り月《みずはりづき》」ともいわれる。

こおりのついたち（氷の朔日）…旧暦6月1日に行う、歯固めの（歯を丈夫にする）行事。

ぼうしゅ（芒種）…二十四節気のひとつ。

にゅうばい（入梅）…雑節のひとつ。芒種の後、最初の壬《みずのえ》の日。

げし（夏至）…二十四節気のひとつ。北半球では、この日以降、徐々に昼が短くなっていく。

なごし（夏越し）…旧暦6月晦日《みそか》に行うおはらい。新暦で行うところもある。

7月

P.92～P.94

ふづき（文月）…夜が長くなり、読書に適した月、の意。七夕に託して文をしたためることからの命名、という説などもある。「ふみづき」ともいう。

はんげしょう（半夏生）…雑節のひとつ。夏至から約11日後。

しょうしょ（小暑）…二十四節気のひとつ。

おちゅうげん（お中元）…関東では7月、関西などでは1か月おくれの8月に贈るところが多い。

たいしょ（大暑）…二十四節気のひとつ。小暑から約15日後。

どよう（土用）…雑節のひとつ。立秋前の18日間。

8月

P.104～P.107

はづき（葉月）…旧暦8月は秋にあたり、紅葉して葉が落ちていくという意の「葉落月《はおちづき》」や雁が初めてやってくるという意の「初来月《はつきづき》」などともいわれる。

りっしゅう（立秋）…二十四節気のひとつ。

ざんしょみまい（残暑見舞い）…立秋を過ぎてから9月初旬までに出す。

やまのひ（山の日）…山に親しみ、恩恵に感謝する日として制定された。

しょしょ（処暑）…二十四節気のひとつ。台風に見舞われることが多い。

どようなみ（土用波）…南方海上の台風の影響で、晴れた日にも発生する。

9月

P.120～P.123

ながつき（長月）…夜が長くなるという意の「夜《よ》長月《ながつき》」が縮まったもの。

にひゃくとおか（二百十日）…雑節のひとつ。台風を恐れて、この日に風祭りを行う地域も多い。

はっさく（八朔）…旧暦8月1日。取りいれを前に農作業を1日休み、豊作を祈る風習がある。

はくろ（白露）…二十四節気のひとつ。秋分の約15日前。

ちょうよう（重陽）…旧暦9月9日の節供（句）。重九《ちょうきゅう》ともいう。

しゅうぶん（秋分）…二十四節気のひとつ。秋の彼岸の中日にあたる。

10月

P.128～P.131

かんなづき（神無月）…全国の神々が出雲大社に集まり、各地に神がいなくなる月、の意。出雲（島根県）では「神在月《かみありづき》」という。

かんろ（寒露）…二十四節気のひとつ。秋分から約15日後。

たいいくのひ（体育の日）…1964年、東京オリンピックの開会式が行われたのを記念して制定された。1999年までは10月10日だった。

どよう（土用）…雑節のひとつ。立冬前の18日間。

そうこう（霜降）…二十四節気のひとつ。

ハロウィン…キリスト教の万聖節の前夜祭。

11月

P.137～P.138

しもつき（霜月）…寒くなり霜がおりる月、の意。

ぶんかのひ（文化の日）…日本国憲法が公布された日を記念して制定された国民の祝日。

りっとう（立冬）…二十四節気のひとつ。

とりのいち（酉の市）…開運や商売繁盛を祈る、鷲《おおとり》神社の祭礼。酉の日が毎年変わるため、年によって2回、または3回行われる。最初の酉の日を一の酉、2番めを二の酉、3番めを三の酉という。熊手は、福をかきこむといわれる縁起もの。

しょうせつ（小雪）…二十四節気のひとつ。立冬から約15日後。

12月

P.154～P.155

しわす（師走）…僧侶（師）が年末の仏事に走りまわるという意味の「師馳月《しはせづき》」、日時が果てる月という意味の「しはつる月」、四季の果てる月という意味の「四極月《しはつづき》」などの説がある。

たいせつ（大雪）…二十四節気のひとつ。立冬から約30日後。

とうじ（冬至）…二十四節気のひとつ。かぼちゃのほか、こんにゃくや小豆粥などを食べる風習も見られる。

おおみそか（大晦日）…昔は「おおつごもり」といった。「つごもり」は「月《つき》隠《ごも》り」がつまったもの。

太陽暦（新暦）

現在、日本で使われているのは、「グレゴリオ暦」という世界共通の暦で、太陽暦の一種です。太陽暦とは地球が太陽の周囲を1周する時間を1年と定めた暦で、「新暦」とも呼ばれます。

新暦は1年を365日とし、1年を12等分して、30日の月と31日の月を設けています。2月だけは28日とされていますが、4年に1度のうるう年には、29日になります。新暦は太陽の動きを基準にしているため、季節と暦の日取りの間にずれが生じることはありません。

太陽暦を使うようになる前の日本では、太陰太陽暦が使われていました。

太陰暦

太陰暦では、新月から次の新月まで、または満月から次の満月までの時間（1朔望月《さくぼうげつ》）を1か月としていました。1朔望月は約29・5日です。太陰暦でも1年は12か月とされていました。つまり1年の長さは、29・5日×12か月＝約354日となります。

地球が太陽を1周する周期は、約365日です。太陰暦に基づいて1年を354日と考えると、11日もの差があります。季節と日取りの間のずれが年々大きくなってしまうことが、太陰暦の欠点でした。

太陰太陽暦（旧暦）

そこで、月の満ち欠けの周期を基準にしながら、1年の長さを太陽の周期と一致させる工夫をした暦がつくられました。これが太陰太陽暦（一般に旧暦とも呼ばれる）です。季節と日取りのずれを調節するために、2～3年に一度うるう年を設け、その年には1年を13か月としました。

太陰暦より改善されたとはいえ、太陰太陽暦でも、実際の季節と暦の日取りが合わなくなる年がありました。日本では、長い間、太陰暦や太陰太陽暦が使われてきました。そのため、昔から続く年中行事には、今でもこれらに合わせて行うものが数多くあります。

地球の公転と四季

季節の変化は、地球の地軸の傾きと、地球の公転によって起こります。

地球の地軸が公転面に対して傾いているため、場所によって昼夜の長さや気温に違いが出てくるのです。

下の図で、地球が太陽の左側にあるとき、北半球では太陽の光を多く受けるために気温が上がり、季節は夏になります。反対に地球が太陽の右側にあるとき、北半球は冬になります。

うるう年

地球の公転周期はおよそ365・242日です。これは暦の上の1年より0・242日長く、4年でほぼ

★地球の公転と四季★

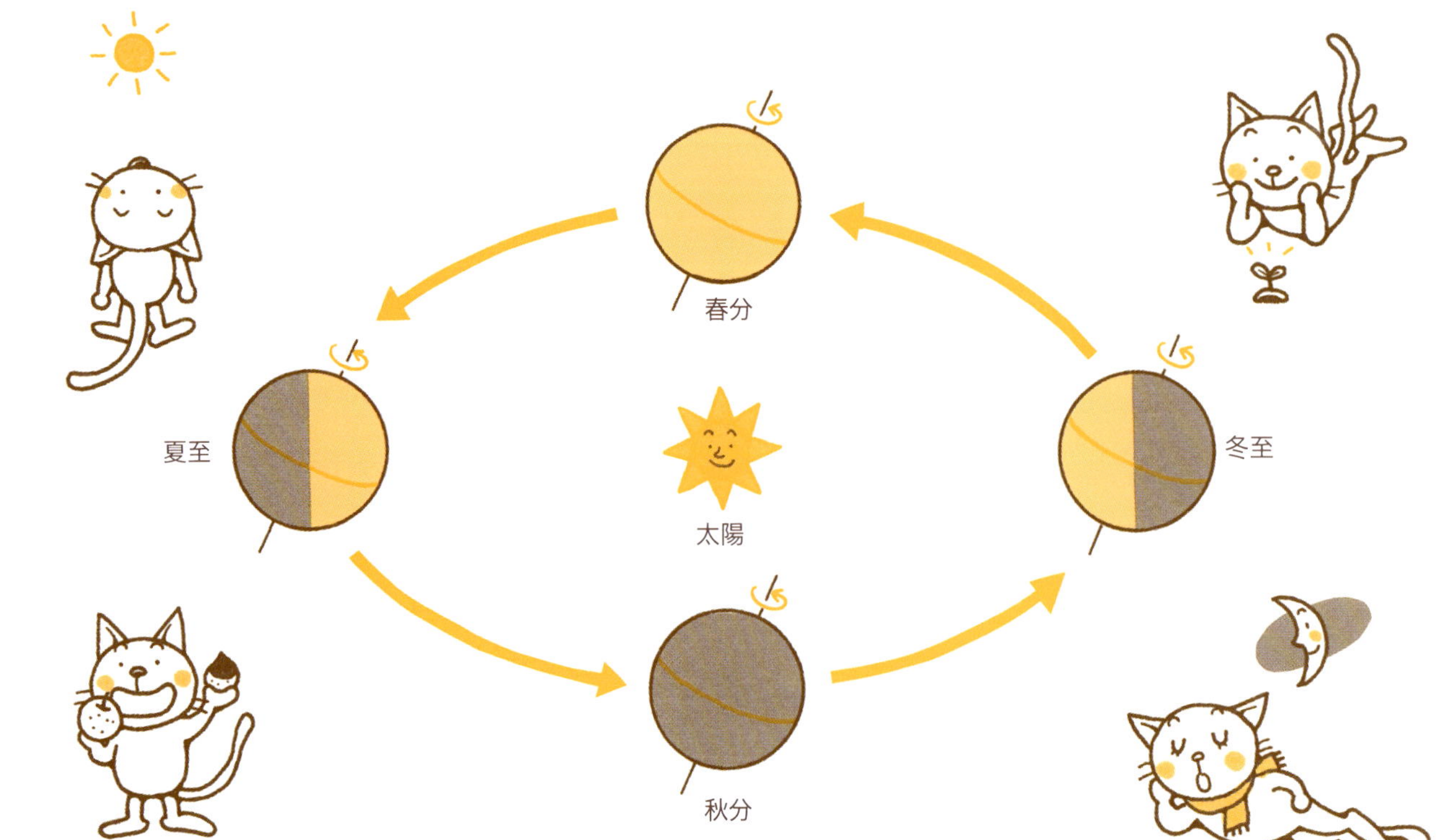

★月の満ち欠けと呼び名★

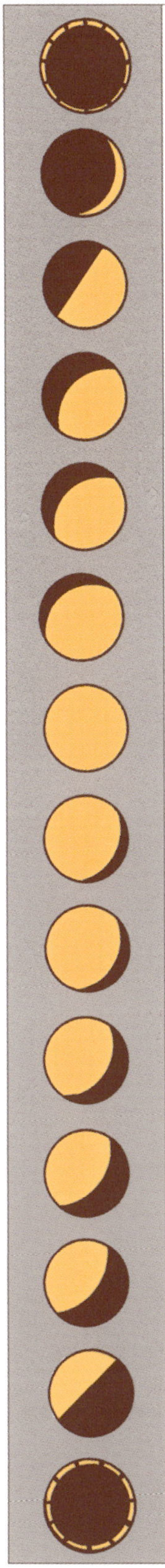

新《しん》　月《げつ》

三《み》日《か》月《づき》
（3日頃）

七日月
上《じょう》弦《げん》
（7日頃）

十日余《とおかあまり》の月
（11日頃）

十三《じゅうさん》夜《や》月《づき》
（13日頃）

幾《き》望《ぼう》
小《こ》望《もち》月《づき》
（14日頃）

望《もち》月《づき》
満月
（15日頃）

十六夜《いざよい》
既《き》望《ぼう》
（16日頃）

十七日月
立《たち》待《まち》月《づき》
（17日頃）

十八日月
居《い》待《まち》月《づき》
（18日頃）

臥《ふし》待《まち》月《づき》
寝《ね》待《まち》月《づき》
（19日頃）

二十日月
更《ふけ》待《まち》月《づき》
（20日頃）

下《か》弦《げん》
（23日頃）
二十三夜月

三十日《みそか》月《づき》
晦《つごもり》
（30日頃）

1日（0・968日）のずれが生じることになります。

これを調節するためにつくられたのがうるう年です。4年に一度、1年を366日にすることで、季節と暦の日取りのずれを調節しています。

月が満ち欠けするわけ

月はそれ自体が光を出している星ではありません。月が輝いて見えるのは、太陽に面した部分が太陽の光を反射しているためです。

地球は自転しながら太陽のまわりを公転し、さらに月も自転しながら地球のまわりを公転しています。月と地球の公転によって、太陽・地球・月の位置関係が変化し、月の光っている部分の見えかたが変わってきます。これによって月の満ち欠けが生じるのです。

月が地球と太陽の間に入ると、地球からは、月の光っている部分がまったく見えなくなります。これが新月です。反対に、月と太陽の間に地球が入ると、太陽の光が正面から月を照らすため、地球からは丸い形の満月が見えるのです。

月が満ち欠けを繰りかえして、再び同じ形になるまでの周期を1朔望月といいます。月は地球の周囲をおよそ27・3日で1周しますが、地球も太陽のまわりを公転しているため、1朔望月（新月から次の新月まで）はおよそ29・5日になっています。

月の出・月の入りの時刻の変化

月は、自転しながら地球のまわりを公転しています。そして地球も自転しながら太陽のまわりを公転しているため、地球から月が見える時刻や方向は、毎日変化しています。

新月は朝に出て、夕方、太陽とともに沈みます。これに対して満月は夕方に出て、明け方に沈むのです。

月の出や月の入りの時刻は毎日およそ50分ずつ遅くなっています。そのため、同じ時刻に月を観察すると、毎日少しずつ東へずれていきます。

★月の動きと地球からの見えかた★

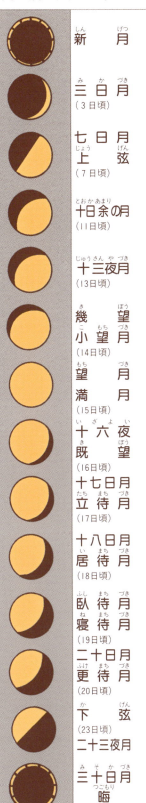

二十四節気	穀《こく》雨《う》（4月20日頃）	清《せい》明《めい》（4月5日頃）	春《しゅん》分《ぶん》（3月21日頃）	啓《けい》蟄《ちつ》（3月6日頃）	雨《う》水《すい》（2月19日頃）	立《りっ》春《しゅん》（2月4日頃）
月	4月	4月	3月	3月	2月	2月
暦のうえの季節	春	春	春	春	春	春
気候に基づく季節	春	春	春	春	冬	冬
七十二候解説（江戸時代作）	葭始生（あしはじめてしょうず） 霜止出苗（しもやんでなえいずる） 牡丹華（ぼたんはなさく）	玄鳥至（つばめきたる） 鴻鴈北（こうがんかえる） 虹始見（にじはじめてあらわる）	雀始巣（すずめはじめてすくう） 桜始開（さくらはじめてひらく） 雷乃発声（かみなりすなわちこえをはっす）	蟄虫啓戸（すごもりむしとをひらく） 桃始笑（ももはじめてさく） 菜虫化蝶（なむしちょうとなる）	土脉潤起（つちのしょううるおいおこる） 霞始靆（かすみはじめてたなびく） 草木萌動（そうもくめばえいずる）	東風解凍（はるかぜこおりをとく） 黄鶯睍睆（うぐいすなく） 魚上氷（うおこおりをいずる）

二十四節気・雑節・七十二候

二十四節気・七十二候

月の満ち欠けを基準としていた暦では、暦の日取りと実際の季節が合わないことがありました。

二十四節気《にじゅうしせっき》は、太陰暦に正しい季節感を取りいれるためにつくられました。月の満ち欠けとは関係なく、太陽の運行に基づいて、1年365日を24等分し、それぞれの期間の始まりの日に、季節に合った名をつけたものです。季節の目安となる二十四節気は、農作業をすすめるうえで欠かせないものでした。

七十二候《しちじゅうにこう》は、二十四節気のそれぞれの期間をさらに3等分したものです。1年を72に区分したものに、二十四節気と同様に季節の移りかわりをあらわす名がつけられています。

雑節

二十四節気や七十二候に加え、季節の移りかわりをより的確につかむためにつくられたのが雑節《ざっせつ》です。

農作業の日取りを決めるうえで大切な日として設けられた暦日《れきじつ》で、現在でもその日にちなんだ行事などが行われているものもあります。

おもなものとしては、節分（本来は年4回とされるが、今の暦には立春の前日のみ記載されている）・彼岸（年2回）・社日《しゃにち》（年2回）・八十八夜・入梅・半夏生・土用（年4回）・二百十日・二百二十日《にひゃくはつか》があげられます。

暦のうえの四季

日本では、1年間の季節を春・夏・秋・冬の4つに分けています。日常生活では、気候に基づいて四季（春…3～5月、夏…6～8月、秋…9～11月、冬…12～2月）を区分する場合がほとんどです。

これに対し、暦のうえでは二十四節気をもとに四季を区分しています。この方法では、春…立春～立夏前日、夏…立夏～立秋前日、秋…立秋～立冬前日、冬…立冬～立春前日、となります。つまり「春」は、新暦2月4日頃～5月5日頃を指すのです。

暦のうえの四季は、実際の季節とは少しずれています。しかし現在でも、暦のうえの四季に合わせたキーワードが、時候のあいさつや俳句の季語などに多く用いられています。

5月		6月		7月	8月
夏					
	夏				
立《りっ》夏《か》（5月6日頃）	小《しょう》満《まん》（5月21日頃）	芒《ぼう》種《しゅ》（6月6日頃）	夏《げ》至《し》（6月22日頃）	小《しょう》暑《しょ》（7月8日頃）	大《たい》暑《しょ》（7月23日頃）
蛙始鳴（かわずはじめてなく）	蚕起食桑（かいこおきてくわをはむ）	螳螂生（かまきりしょうず）	乃東枯（なつかれくさかるる）	温風至（あつかぜいたる）	桐始結花（きりはじめてはなをむすぶ）
蚯蚓出（みみずいずる）	紅花栄（べにはなさく）	腐草為蛍（くされたるくさほたるとなる）	菖蒲華（あやめはなさく）	蓮始開（はすはじめてひらく）	土潤溽暑（つちうるおうてむしあつし）
竹笋生（たけのこしょうず）	麦秋至（むぎのときいたる）	梅子黄（うめのみきばむ）	半夏生（はんげしょうず）	鷹乃学習（たかすなわちわざをなす）	大雨時行（たいうときどきにふる）

五節供と六曜

五節供

五節供（現在では「節句」とも書く）は、年中行事を行う日のうちで、とくに重要とされた日です。江戸時代には、1月7日の人日《じんじつ》（七草の節供）、3月3日の上巳《じょうし》（桃の節供）、5月5日の端午《たんご》（菖蒲の節供）、7月7日の七夕《しちせき》（七夕《たなばた》節供）、9月9日の重《ちょう》陽《よう》（菊の節供）が五節供として定められました。

制度としては明治時代に廃止されましたが、年中行事としてこれらの日を祝う風習は現在も続いています。

古くから、節供の日には農作業などを休むならわしがありました。この日に忙しそうに働く者は、「怠け者の節供働き」といわれ、ふだん仕事を怠けているからだと笑われたということです。

六曜

六曜《ろくよう》は、日々の吉凶を占うために日本でつくられました。先勝《せんしょう》、友引《ともびき》、先負《せんぶ》、仏滅《ぶつめつ》、大安《たいあん》、赤口《しゃっこう》の6種類の運勢が繰りかえされる単純なものです。ただし、6日めごとに必ず同じ運勢がまわってくるわけではありません。旧暦で1月・7月の1日は先勝、2月・8月の1日は友引、などと12か月の最初の日について決められています。

結婚式は大安の日に行う、葬式は友引の日を避ける、など、現在でも日常生活を送るうえで六曜を意識している人はたくさんいます。

先勝	急用には吉。午前は吉。
友引	朝夕は吉。昼のみ凶。
先負	午後は吉。
仏滅	すべて凶。
大安	すべて大吉。
赤口	正午のみ吉。ほかは凶。

月	8月		9月		10月	
暦のうえの季節	秋					
気候に基づく季節			秋			
二十四節気	立《りっ》秋《しゅう》（8月8日頃）	処《しょ》暑《しょ》（8月24日頃）	白《はく》露《ろ》（9月8日頃）	秋《しゅう》分《ぶん》（9月23日頃）	寒《かん》露《ろ》（10月9日頃）	霜《そう》降《こう》（10月24日頃）
七十二候解説（江戸時代作）	涼風至（すずかぜいたる） 寒蟬鳴（ひぐらしなく） 蒙霧升降（ふかききりまとう）	綿柎開（わたのはなしべひらく） 天地始粛（てんちはじめてさむし） 禾乃登（こくものすなわちみのる）	草露白（くさのつゆしろし） 鶺鴒鳴（せきれいなく） 玄鳥去（つばめさる）	雷乃収声（かみなりすなわちこえをおさむ） 蟄虫培戸（むしかくれてとをふさぐ） 水始涸（みずはじめてかる）	鴻雁来（こうがんきたる） 菊花開（きくのはなひらく） 蟋蟀在戸（きりぎりすとにあり）	霜始降（しもはじめてふる） 霎時施（こさめときどきふる） 楓蔦黄（もみじつたきばむ）

十干十二支

十干

十干《じっかん》とは、中国から伝わった、10日を周期とする暦法です。1か月を上旬・中旬・下旬の3つに分け、それぞれに含まれる10日に、甲・乙・丙…の名がつけられています。日本では甲(きのえ)、乙(きのと)、丙(ひのえ)、丁(ひのと)、戊(つちのえ)、己(つちのと)、庚(かのえ)、辛(かのと)、壬(みずのえ)、癸(みずのと)と読みます。

十二支

現在、十二支《じゅうにし》といえば子《ね》年、丑《うし》年のように年にあてはめるものが一般的ですが、もともとは、正月は子、2月は丑、のように12か月の順序をあらわすために使われていました。

十二支には、子(ねずみ)、丑(うし)、寅(とら)、卯(うさぎ)、辰(たつ)、巳(へび)、午(うま)、未(ひつじ)、申(さる)、酉(とり)、戌(いぬ)、亥(いのしし)と、それぞれに動物の名があてられています。

干支(えと)

十干と十二支を組みあわせると、甲子、乙丑、丙寅、丁卯…と60通りの組みあわせができます。これを干《かん》支《し》(えと)といいます。60年でひと回りする年の呼びかたや、60日でひと回りする日の呼びかたに使われてきたほか、時刻や方位をあらわすのにも用いられてきました。

甲子《きのえね》 カッシ	甲戌《きのえいぬ》 コウジュツ	甲申《きのえさる》 コウシン	甲午《きのえうま》 コウゴ	甲辰《きのえたつ》 コウシン	甲寅《きのえとら》 コウイン
乙丑《きのとうし》 イッチュウ	乙亥《きのとい》 イツガイ	乙酉《きのととり》 イツユウ	乙未《きのとひつじ》 イツビ	乙巳《きのとみ》 イツシ	乙卯《きのとう》 イツボウ
丙寅《ひのえとら》 ヘイイン	丙子《ひのえね》 ヘイシ	丙戌《ひのえいぬ》 ヘイジュツ	丙申《ひのえさる》 ヘイシン	丙午《ひのえうま》 ヘイゴ	丙辰《ひのえたつ》 ヘイシン
丁卯《ひのとう》 テイボウ	丁丑《ひのとうし》 テイチュウ	丁亥《ひのとい》 テイガイ	丁酉《ひのととり》 テイユウ	丁未《ひのとひつじ》 テイビ	丁巳《ひのとみ》 テイシ
戊辰《つちのえたつ》 ボシン	戊寅《つちのえとら》 ボイン	戊子《つちのえね》 ボシ	戊戌《つちのえいぬ》 ボジュツ	戊申《つちのえさる》 ボシン	戊午《つちのえうま》 ボゴ
己巳《つちのとみ》 キシ	己卯《つちのとう》 キボウ	己丑《つちのとうし》 キチュウ	己亥《つちのとい》 キガイ	己酉《つちのととり》 キユウ	己未《つちのとひつじ》 キビ
庚午《かのえうま》 コウゴ	庚辰《かのえたつ》 コウシン	庚寅《かのえとら》 コウイン	庚子《かのえね》 コウシ	庚戌《かのえいぬ》 コウジュツ	庚申《かのえさる》 コウシン
辛未《かのとひつじ》 シンビ	辛巳《かのとみ》 シンシ	辛卯《かのとう》 シンボウ	辛丑《かのとうし》 シンチュウ	辛亥《かのとい》 シンガイ	辛酉《かのととり》 シンユウ
壬申《みずのえさる》 ジンシン	壬午《みずのえうま》 ジンゴ	壬辰《みずのえたつ》 ジンシン	壬寅《みずのえとら》 ジンイン	壬子《みずのえね》 ジンシ	壬戌《みずのえいぬ》 ジジュツ
癸酉《みずのととり》 キユウ	癸未《みずのとひつじ》 キビ	癸巳《みずのとみ》 キシ	癸卯《みずのとう》 キボウ	癸丑《みずのとうし》 キチュウ	癸亥《みずのとい》 キガイ

11月		12月		1月	
冬					
		冬			
立《りっ》冬《とう》（11月8日頃）	小《しょう》雪《せつ》（11月23日頃）	大《たい》雪《せつ》（12月8日頃）	冬《とう》至《じ》（12月22日頃）	小《しょう》寒《かん》（1月6日頃）	大《だい》寒《かん》（1月20日頃）
山茶始開（つばきはじめてひらく）	虹蔵不見（にじかくれてみえず）	閉塞成冬（そらさむくふゆとなる）	乃東生（なつかれくさしょうず）	芹乃栄（せりすなわちさかう）	款冬華（ふきのはなさく）
地始凍（ちはじめてこおる）	朔風払葉（きたかぜこのはをはらう）	熊蟄穴（くまあなにこもる）	麋角解（さわしかのつのおつる）	水泉動（しみずあたたかをふくむ）	水沢腹堅（さわみずこおりつめる）
金盞香（きんせんかさく）	橘始黄（たちばなはじめてきばむ）	鱖魚群（さけのうおむらがる）	雪下出麦（ゆきわたりてむぎいずる）	雉始雊（きじはじめてなく）	雞始乳（にわとりはじめてとやにつく）

参考文献：平凡社『大百科事典』／三省堂『大辞林 第三版』

年祝い

年祝い

日本では古くから、人生の節目に、年齢に応じてさまざまな通過儀礼が行われてきました。本来は数え年で年齢を数えましたが、現在では満年齢にあてはめる場合が多いようです。

・**三日祝い**…生後3日め。湯初《ゆぞ》めを行い、袖のある産着を着せる。

・**お七夜《しちや》**…生後7日め。命名式を行う。

・**お宮参り**…男子は生後30～31日め、女子は31～32日め。産土神《うぶすながみ》に参詣する（期日は地方によって異なる）。「産《うぶ》土参《すなまい》り」ともいう。

・**お食《く》い初《ぞ》め**…生後100日め、または120日めにご飯を食べさせるまねをする。「箸立て」などともいう。

・**初節供**…生まれて初めての男子の端午の節供と女子のひな祭り。

・**七五三**…3歳・5歳・7歳のお祝い。

・**十三参り**…13歳になった子供が、4月13日に虚空蔵《こくうぞう》（人々に福と知を分けあたえる菩薩）に参詣する。

・**成人式**…20歳。大人の仲間入りを祝う。

・**厄年**…男は25歳・42歳・60歳、女は19歳・33歳。災難にあうことが多いといわれる。

《長寿の祝い》

・**還暦《かんれき》**…60歳の祝い。干支がひと回りして、生まれた年の干支にかえることから。

・**古希《こき》（古稀）**…70歳。『論語』に「人生七十、古来稀なり」とあることから。

・**喜寿《きじゅ》**…77歳。「喜」の略字「㐂」が、七を重ねたものであることから。

・**米寿《べいじゅ》**…88歳。「米」の字を分解すると八十八になることから。

・**卒寿《そつじゅ》**…90歳。「卒」の略字「卆」が九十と読めることから。

・**白寿《はくじゅ》**…99歳。「百」の字から一をとると「白」になることから。

さくいん

あ・ア

アイスクリームの日 174
愛鳥週間 174
あかとんぼ 109 123
あかりの日 176
あきになくむし 131
あきのぜんこくかさいよぼううんどう・秋の全国火災予防運動 137 176
あきのぜんこくこうつうあんぜんうんどう・秋の全国交通安全運動 122 175
あきのながあめ・秋の長雨 122
あきのななくさ・秋の七草 123
あきばれ・秋晴れ 127 129
あさがお 94 95
あじさい 80
あずきがゆ・小豆粥 19 179
あまちゃ・甘茶 55
あまのがわ・天の川 84 87 89
あやめ 70
あらまきざけ 22
あられ 23 36
アルタイル 89
あんか 170

い・イ

イースター 45 56 173 178
石合戦 63
いちご 46 48
一の酉 179
いちょう 130
いっすんぼうし 31
犬の日 176
いねかり・稲刈り 128 162 163
芋 113
いもほり 129
芋名月 113
いろり 169
いわし 28 129
いわしぐも 129
イワシの日 176

う・ウ

初冠(ういこうぶり) 18
うぐいす 33
うす 168
うすい・雨水 32 178 182
宇宙の日 175
うちわ 107
うづき・卯月 56 178
うど 59
うなぎ 93
産土参り(うぶすなまいり) 185
ウマオイ 131
うまのひ・午の日 32 64 178
うみのひ・海の日 92 175
うみびらき・海開き 92 175
うめ 33 79
うめしゅ 80
うめのみ 80
うめぼし 80
盂蘭盆会(うらぼんえ) 101
うるうどし・うるう年 33 180 181
うるう日 173
うんどうかい・運動会 126 127

え・エ

エイプリル・フール 56 174 178
干支(えと) 184
烏帽子(えぼし) 18
烏帽子着(えぼしぎ) 18
えんそく 70

お・オ

おおいぬのふぐり 33
大正月 19
おおそうじ・大掃除 150 151 153 176
おおつごもり 179
おおみそか・大晦日 16 28 155 176 179
おかあさん 66
沖縄慰霊の日 174
沖縄復帰の日 174
お食い初め(おくいぞめ) 185
おくりび・送り火 100
お七夜(おしちや) 185
おしゃかさま 55
おしょうがつ 9 10 12 13 14 16 17 22
おしるこ 21
おしろいばな 94
おせいぼ 154
おせちりょうり・おせち料理 11 16 19
おぞうに 11 16 19
おそなえ 21 152
おだいりさま・お内裏さま 36 37
おちゅうげん・お中元 92 104 179
おつきみ 110 121
おとうさん 76
おとしだま・お年玉 17
おとそ 16
おなもみ 138
おに・鬼 26 28 29 30 31 34 147
鬼やらい 28
おはかまいり 98
おはぎ 122
おばけ 107
おばな 123
おはなみ 52 53
おひがん・お彼岸 44 122 173 175 178
おびとき・帯解 136
おひな 37 47
おひなさま 36 47
おぼろづき 57
おぼん・お盆 92 98 100 101 175
おまいり 134
おまもり・お守り 17
おみくじ 17
おみなえし 123
お宮参り 135 185
おりひめ 84
オリンピック・デー 174

か・カ

ガールスカウトの日 174
かいまき 170
鏡 17
かがみびらき・鏡開き 21 173
かがみもち・鏡餅 17 21 152
かき(柿) 130
かき(牡蠣) 155
かきぞめ・書き初め 20 173
かぐやひめ・かぐや姫 114 115 116 117
かさ(笠) 165
かさの日 174
柏 65
かしわもち・柏もち 63 65
ガス記念日 176
風祭り 179
片月見 113
かたつむり 80
かどまつ・門松 17
かとりせんこう 107
かぶ(すずな) 24
かぶと 62 65
かぶとむし 107

かぼちゃ 154 179
かまいたち 22
かまくら 22
かまど 168
神・かみさま・神様 11 12 16 17
神在月（かみありづき） 179
かみおき・髪置 136
神座（かみくら） 53
神棚 151
かみなり 106
かや（蚊帳） 167
かるた・かるたとり 14 15
カレンダーの日 176
看護の日 174
干支（かんし） 184
元日 19 173
がんたん・元旦 11 20 173
かんなづき・神無月 128 179
かんのいり・寒の入り 21
かんのもどり・寒の戻り 57
かんぱ・寒波 155
灌仏会（かんぶつえ） 55
冠 18
還暦（かんれき） 185
かんろ・寒露 128 179 184

き・キ

ききょう 123
きく 94 120
菊の節供（節句） 183
紀元節 173
季語 177
きさらぎ・如月・衣更着 32 178
喜寿（きじゅ） 185
気象記念日 174
乞巧奠（きっこうでん） 85 86
きつねのよめいり 70
きね 168
きもの 134
キャンドル 145
救急の日 175
旧暦 28 99 111 113 178 179 180 183
教育・文化週間 176
きり 23
キリギリス 131
きんかん 138
きんもくせい 130
きんろうかんしゃのひ・勤労感謝の日 137 176

く・ク

くさぶえ 172
くしの日 175
くず 123
くちなし 39 80
靴の記念日 173
クツワムシ 131
くまで・熊手 17 137 179
くよう・供養 44 99 101
くり・栗 113 130
クリーニングの日 175
クリスマス 142 143 144 145 146 147 154 155 176
クリスマス・イブ 154 176
クリスマス・カード 144
クリスマス・ケーキ 145
クリスマス・ツリー 142 144 145 156
クリスマス・プディング 144 145
クリスマス・プレゼント 145
クリスマス・リース 144 145
栗名月 113
グレゴリオ暦 180
黒の日 175
黒豆 16
くわがたむし 107
くんぷう・薫風 70

け・ケ

けいちつ・啓蟄 44 178 182
けいとう 123
けいろうのひ・敬老の日 118 119 175
げし・夏至 78 178 179 180 183
下駄の日 175
けんぎゅう・牽牛 85 87 89
牽牛星 89
けんこくきねんのひ・建国記念の日 32 173
原子力の日 176
げんばくきねんび 104
元服 18
けんぽうきねんび・憲法記念日 68 174
憲法週間 174

こ・コ

こいのぼり・鯉のぼり 61 62 63 65 69
更衣の節（こういのせつ） 75
こうさ・黄砂 57 178
こうつうあんぜん 122
公転 180 181
公転周期 181
ごえもんぶろ 171
こおにたびらこ（ほとけのざ） 24
こおりのついたち・氷の朔日 78 174 178
ゴールデンウィーク 56 68 174
コオロギ 131
ごがつにんぎょう・五月人形 63 65
こがらし 138
古希・古稀（こき） 185
ごぎょう（ははこぐさ） 24
こくう・穀雨 56 178 182
国際協力の日 176
国際識字デー 175
国際身障者デー 176
国際婦人デー 173
国際ボランティア・デー 176
国際水の日 173
国際連合の日 176
国民安全の日 175
国民の休日 174
国民の祝日 63 179
こしょうがつ・小正月 19 173
コスモス 130
五節供（節句） 183
こち・東風 33
国旗制定記念日 173
琴座 89
こどもの読書週間 174
こどものひ・こどもの日 63 68 174
ごにんばやし・五人囃子 36 37
こはるびより・小春日和 138
昆布巻 16
こままわし 15
ゴミゼロの日 174
こよみ・暦 21 27 32 56 68 93 104 120 128 137 153 180 181 182 184
ころもがえ・衣がえ 74 75 174
こんにゃくの日 174

さ・サ

さいころ 15
歳末助けあい運動 176
朔望月（さくぼうげつ） 180 181
さくら・サクラ・桜 45 52 53 54 58 80
さくらぜんせん 58
さくらそう 57
さくらもち 39
さくらんぼう 80
ざくろ 123
ささ・笹 84 151
笹飾り 86
笹竹 85
さざんか 138
さつき・皐月 68 178
さつき 71

さつきばれ 70
雑節(ざっせつ) 178 179 182
さつまいも 129 139
さといも 80 111
サトザクラ 58
さとやま・里山 158-165
早苗月 178
さみだれ・五月雨 79
さんかんしおん・三寒四温 45
さんしょみまい・残暑見舞い 104 179
サン・ジョルディのひ・サン・ジョルディの日 56 174
サンタクロース 142 144 145 147
さんにんかんじょ・三人官女 36 37
三の酉 179
さんま 131

し・シ

しおひがり 45
4月の魚 178
四季 27 180 182
シクラメン 155
地獄 101
しごとはじめ・仕事始め 21 173
ししまい 21
自然公園の日 175
シダレザクラ 58
しちごさん・七五三 134 135 136 176 185
七十二候(しちじゅうにこう) 153 182
七夕(しちせき) 183
七面鳥 145
じちょう・しちょう・仕丁 36 37
しちりん 168
十干(じっかん) 184
十干十二支 184
自転 181
師馳月(しはせづき) 179
四極月(しはつづき) 179
しはつる月 179
しめかざり・注連飾り 17 165
しも・霜 23 129 178 179
しもつき・霜月 137 179
しもばしら 23
釈迦(しゃか) 55 101
写真の日 174
赤口(しゃっこう) 183
社日(しゃにち) 182
収穫 12
収穫祭 112
じゅうごや・十五夜 110 111 112 113 120 128 175
十三参り 185
じゅうさんや・十三夜 113 128 176
しゅうせんきねんび・終戦記念日 104 175
しゅうちゅうごうう 93
十二支(じゅうにし) 184
しゅうぶん・秋分 122 179 180 184
しゅうぶんのひ・秋分の日 122 175 178
じゅひょう 23
しゅんぎく 138
しゅんぶん・春分 44 178 180 182
しゅんぶんのひ・春分の日 44 173 178
省エネルギー総点検の日 176
障害者の日 176
しょうがつ・正月 11 12 15 17 19 101 151 153
しょうがつかざり・正月飾り 19 155
正月様 12
しょうがつやすみ 21
しょうかん・小寒 21 178 185
上巳(じょうし) 183
しょうしょ・小暑 92 179 183
しょうせつ・小雪 137 179 185
しょうぶ・菖蒲 63 64 65 178
尚武 64
菖蒲の節供(節句) 183
しょうぶゆ・菖蒲湯 63 64
消防記念日 173
消防出初式 173
しょうまん・小満 70 178 183
精霊流し 100
しょうわのひ・昭和の日 57 174
しょくじょ・織女 85 87 89
織女星 89
しょしょ・処暑 104 179 184
しょちゅうみまい 93 96
じょやのかね・除夜の鐘 153
しろざけ・白酒 36 39
しろつめぐさ 59 60
しわす・師走 154 179
しんがっき・新学期 42 43 50
新月(しんげつ) 180 181
人権週間 176
人権デー 176
人日(じんじつ) 183
じんちょうげ 45
しんねん・新年 11 19 20
新聞週間 176
新暦 99 111 113 178 180

す・ス

すいか 106
ずいじん・随身 36 37
すいせん 22
すごろく 14 15
すすき 110 111 112 123
すずしろ(だいこん) 24
すずな(かぶ) 24
すすはらい 151 154 176
スズムシ 131
すずらん 71
すだれ 107
すみれ 59

せ・セ

税関記念日 176
成人 18
成人式 18 185
せいじんのひ・成人の日 18 173
せいめい・清明 56 178 182
世界宇宙飛行の日 174
世界エイズデー 176
世界環境デー 174
世界気象の日 173
世界禁煙デー 174
世界食料デー 176
世界人口デー 175
世界赤十字デー 174
世界電気通信の日 174
世界の子どもの日 176
世界保健デー 174
世界友情の日 173
世界郵便の日 176
せきらんうん 106
せつぶん・節分 26 27 28 29 31 173 182
せみ 107
せり 24 46
先勝(せんしょう) 183
せんたくいた 171
先負(せんぶ) 183
せんぷうき 107
ぜんまい 46

そ・ソ

そうこう・霜降 129 179 184
雑煮 11 16
ぞうり 164
測量の日 174
卒園 41
そつえんしき 40
卒寿(そつじゅ) 185
ソメイヨシノ 58
そらまめ 71

ソロバンの日 175

た・タ

大安(たいあん) 183
たいいくのひ・体育の日 128 176 179
太陰太陽暦 180
太陰暦 180 182
だいかん・大寒 22 178 185
だいこん(すずしろ) 24
たいしょ・大暑 92 179 183
大豆 29 113
たいせつ・大雪 154 179 185
たいふう・台風 120 122 179
太平洋戦争開戦記念日 176
太陽 180 181 182
太陽暦 180
太陽暦採用記念日 176
内裏びな 37
たうえ・田植え 59 79 92 158 159
たきび 133 139
たけ・竹 59 151
たけうま 172
竹取物語 117
たけのこ 59
たこあげ・凧揚げ 15 63
田作り 16
たなばた・七夕 83 84 85 86 87 89 175 179
七夕節供(節句) 183
機織つ女(たなばたつめ) 86
たらい 171
たらのめ 46
だるま 17
たわら 164
端午 64 183
だんご・団子 113 121
たんごのせっく・端午の節供(節句) 62 63 64 65 174 178 185
たんざく・短冊 84 85
たんぽぽ 45 60

ち・チ

地球 180 181
地軸 180
ちちのひ・父の日 76 77 174
ちとせあめ・千歳飴 134 135
ちのわ 79
ちまき 63 65
ちゃつみ 68
仲秋の名月 111
チューリップ 49 52 57
重九 179
ちょうちょう 59
ちょうよう・重陽 120 179 183
重陽の節供(節句) 175
チョコレート 32
貯蓄の日 176
ちらしずし 39

つ・ツ

追儺(ついな) 28
通過儀礼 136 185
つき・月 110 111 112 117 180 181
月隠り(つきごもり) 179
月の満ち欠け 181 182
つきみ・月見 110 111 112 113 120
つきみだんご・月見団子 110 111 112 121
つくし 46
つごもり・晦 179 181
つつじ 71
つばめ 59
つゆ・梅雨 78 79 80 93 122
つゆ・露 120 122
つゆあけ 93
つゆいり・梅雨入り 79
つらら 23

て・テ

逓信記念日(ていしんきねんび) 174
鉄道の日 176
てっぽうみず 93
電気記念日 173
電信電話記念日 176
てんのうたんじょうび・天皇誕生日 32 173
電波の日 174

と・ト

トイレの日 176
桃花酒(とうかしゅ) 36 39
東京オリンピック 179
東京港開港記念日 174
とうじ・冬至 154 178 179 180 185
灯台記念日 176
とうふ 32
どうぶつあいごしゅうかん・動物愛護週間 122 175
動物愛護デー 173
とうもろこし 106
十日戎(とおかえびす) 173
ときのきねんび・時の記念日 78 174
どくしょしゅうかん・読書週間 129 176
年祝い 185
年男 29
年神 12 16 17 151
としこし・年越し 152 153
としこしそば・年越しそば 152 153
としのいち 155
図書館記念日 174
屠蘇(とそ) 16
トナカイ 145
どま 168
友引(ともびき) 183
どよう・土用 21 56 93 128 178 179 182
どようなみ・土用波 106 179
どようのうしのひ 93
とりのいち・酉の市 137 179
どんぐり 130 132
どんどやき・どんど焼き 19

な・ナ

ながさき平和の日 175
ながつき・長月 120 179
なごし・夏越し 79 178
なずな 24 60 178
なたねづゆ・菜種梅雨 45
なだれ 57
納豆の日 175
なつのものいろいろ 107
なつやすみ・夏休み 90 91 96 149
なでしこ 123
七草 178
ななくさがゆ・七草粥 24 173
七草の節供(節句) 183
七日正月 173
なのはな 45 59
なわ 164
なんてん 138

に・ニ

にごり酒 39
にじ 94
二十四節気(にじゅうしせっき) 153 178 179 182
ニットの日 173
二の酉 179
にひゃくとおか・二百十日 120 179 182
二百二十日(にひゃくはつか) 182
日本国憲法 179
日本標準時制定記念日 175
入園 43 51
にゅうえんしき 50

入学 41 43
にゅうどうぐも 106
にゅうばい・入梅 78 178 182

ね・ネ

ねこの日 173
ねじの日 174
ねったいや 104
ねんが・年賀 20 178
ねんがじょう・年賀状 17
ねんし・年始 20 173 178
年始まわり 17
年礼 178

の・ノ

ノーベル賞制定記念日 176
のびる 46
海苔の日 173

は・ハ

ばいう・梅雨 79
ばいうぜんせん 80
俳句の日 175
バイクの日 175
葉落月(はおちづき) 179
歯固め 178
はかまいり 44 122
はかまぎ・袴着 136
はぎ 123
はくさい 155
白寿(はくじゅ) 185
白鳥座 89
はくろ・白露 120 179 184
はこべら(はこべ) 24
ハサミの日 175
箸立て 185
箸の日・橋の日 175
機(はた) 86
機屋(はたや) 86
はちじゅうはちや・八十八夜 68 178 182
はちみつの日 175
はつうま・初午 32 173 178
二十日戎(はつかえびす) 173
二十日正月(はつかしょうがつ) 173
はづき・葉月 104 179
初来月(はつきづき) 179
はっさく・八朔 120 179
初節供(節句) 185
はつに・初荷 20 173
はつひので・初日の出 20 173
発明の日 174
はつもうで・初詣で 17 20 173
初元結(はつもとゆい) 18
はつゆめ・初夢 21
はなぐもり 45
はなしょうぶ・花菖蒲 70 178
バナナの日 175
鼻の日 175
はなび・花火 96 102 103
はなびたいかい 102
はなまつり・花祭り 55 174
はなみ・花見 53 54
はなみずき 71
はねつき・羽根つき 15
歯の衛生週間 174
ははこぐさ(ごぎょう) 24
ははのひ・母の日 66 67 77 174
はまぐりのおすいもの 39
はまや・破魔矢 17
はり 32
はりくよう・針供養 32 154 173 176 178
はるいちばん 33
はるかぜ 33
はるさめ・春雨 57
ハルジオン 71
はるのさんさい 46
はるのぜんこくかさいよぼううんどう・春の全国火災予防運動 44 173
はるのぜんこくこうつうあんぜんうんどう・春の全国交通安全運動 56 174
はるのななくさ・春の七草 24 178
はるやすみ・春休み 42 43
晴れ着 135
バレンタインデー 32 44 173 178
ハロウィン 129 176 179
はんげしょう・半夏生 92 179 182
万国博物記念日 173
パンジー 58
万聖節(ばんせいせつ) 179
パンツの日 175

ひ・ヒ

柊 28
ひかりのはる・光の春 33
彼岸 178 179 182
ひがんばな 130
ひこぼし 84
ひしもち 36 37 39
ビスケットの日 173
人形(ひとがた) 38
ひな 37
ひなあられ 39
ひなだん・ひな壇 36 37
ひなまつり・ひな祭り 35 36 37 38 39 45 48 173 185
ひなんくんれん 120
ひばし 169
ひばち 169
ひまわり 106
119番の日 176
110番の日 173
百人一首 15
ヒヤシンス 58
ひょう 23
びょうぶ 37
広島原爆記念日 175
びわ 71

ふ・フ

ふうりん 107
プール 79
プールびらき 79
ふきのとう 46
福 28
ふくじゅそう 33
ふく(ふぐ)の日 173
ふくわらい・福笑い 14 15
ふじ 71
ふじばかま 123
復活祭 178
ふづき・ふみづき・文月 92 179
仏生会(ぶっしょうえ) 55
仏滅 183
ぶどう 123
ふみの日 173 174 175 176
ふゆごもり 44
ふゆび 22
ふゆやすみ・冬休み 91 148 149
文化勲章制定記念日 173
文化財防火デー 173
文化財保護法施行記念日 175
ぶんかのひ・文化の日 137 176 179

へ・ヘ

米寿(べいじゅ) 185
平和の日 173
ベースボール記念日 174
ベガ 89
へちま 106
べにばな 94
ヘリコプターの日 174

ほ・ホ

ポインセチア 155
貿易記念日 174
防災週間 175
ぼうさいのひ・防災の日 120 175
帽子の日 175
ぼうしゅ・芒種 78 178 183
放送記念日 173
ほおずき 94
ほしまつり 86
ほたる 107
ほたるがり 172
仏様 100
ほとけのざ(こおにたびらこ) 24
ホワイトデー 44 173
盆 86 99 100 101
ぼんおどり・盆踊り 98 99
盆釜(ぼんがま) 100
盆行事 99
ぼんぼり 36 37 39

ま・マ

まつたけ 131
マツムシ 131
まなつび 93
まめ・豆 26 29
まめまき・豆まき 26 27 28 34
豆名月 113
まゆだま・まゆ玉 19
まんげつ・満月 110 111 112 116 180 181
マンジュシャゲ 130

み・ミ

三日月(みかづき) 181
みかん 22 138 140
ミサ 146 147
ミシンの日 173
水の日 175
みずばしょう 80
水張り月(みずはりづき) 178
三十日正月(みそかしょうがつ) 173
禊(みそぎ) 86
みぞれ 23
道の日 175
三日祝い 185
ミツバチの日 173
みどりのひ・みどりの日 68 174
みなづき・水無月 78 178
港の衛生週間 175
みの 165
みのむし 22
みみのひ・耳の日 44 173
民放の日 174

む・ム

むかえび・迎え火 100
むしおくり 79
むしばよぼうデー・虫歯予防デー 78 174
武者 65
武者人形 63 65
むしろ 164 169
むつき・睦月 20 178

め・メ

命名式 185
メーデー 68 174
メートル法公布記念日 174
めのあいごデー・目の愛護デー 128 176
めびな 36 47
メロン 94

も・モ

もち 16 17 24 78
もちつき 152
もみじ 130
もみじがり 129
もみじぜんせん 129
もみの木 145
もも 94
ももたろう 30
もものせっく・桃の節供(節句) 36 37 183
もものはな・桃の花 37 39 45

や・ヤ

やいかがし 28
厄年 185
野菜の日 175
藪入り 173 175
流鏑馬(やぶさめ) 63
ヤマザクラ 58
やまのひ・山の日 104 175 179
やまびらき・山開き 92 175
やまぶき 58
やよい・弥生 44 178

ゆ・ユ

ゆうだち 106
UFOの日 174
ゆかた 107
ゆかたの日 175
ゆき 22 23 25 32 57 137 148 154 156
ゆきとこおり 23
湯初め(ゆぞめ) 185
ゆたんぽ 170
ユネスコ加盟記念日 175
ユネスコ・デー 176

よ・ヨ

夜長月 179
よもぎ 39 46 64
よろい 62 65

ら・ラ

らっきょう 80

り・リ

リサイクルの日 176
りっか・立夏 27 68 178 182 183
りっしゅう・立秋 27 104 106 179 182 184
りっしゅん・立春 13 27 32 33 68 120 178 182
りっとう・立冬 27 137 179 182 185
りんご 105 155
りんどう 138

る・ル

ルシアさい・ルシア祭 146 147

れ・レ

冷蔵庫の日 174
冷凍食品の日 176
れいはい・礼拝 146 147
れんげそう 59 60

ろ・ロ

ローストチキン 144 145
六曜 183

わ・ワ

和菓子の日 174
藁座 89
わら 164 165
わらぐつ 164
わらび 46

指　　導——岩井宏實(国立歴史民俗博物館名誉教授)　倉田喜弘(芸能史家)
装　　丁——大薮胤美(フレーズ)
見返しデザイン——杉田ゆみ＋中村みどり＋岸雅美　On Graphics
本文デザイン——杉田ゆみ＋中村みどり＋岸雅美　On Graphics
本文デザイン——大谷孝久(カヴァーチ)(「さとやまのくらし」)
表紙立体製作——皆川リョウイチ

イ ラ ス ト——青山みるく　猪熊祐子　大田黒摩利　オグロエリ　久住卓也　ジャンボ・KAME　神内優子　すみもとななみ
田沢春美　月岡陽太　永田勝也　林 幸　冬野いちこ　森のくじら　山口マサル　山本省三　和田慧子

編集・構成——株式会社　童 夢

参考文献
今日ってどんな日(日本能率協会マネジメントセンター)／暮らしの歳時記三百六十五日(毎日新聞社)／現代こよみ読み解き事典(柏書房)／こどもおもしろ学習館(主婦と生活社)／子どもと年中行事(相川書房)／こどもの12かげつ(小峰書店)／暦入門(雄山閣)／365日「今日は何の日か？」事典(講談社)／大辞林 第三版(三省堂)／大百科事典(平凡社)／日本の年中行事百科(河出書房新社)／年中行事記念日365日のひみつ(学習研究社)／民俗行事歳時記(世界聖典刊行協会)／「写真で綴る」昭和30年代農山村の暮らし(農山漁村文化協会)／農村の伝統的なくらし　―日本各地の伝統的なくらし2(小峰書店)／昔のくらし(ポプラ社)／昔のくらしの道具事典(岩崎書店)

日本音楽著作権協会(出)許諾第1905261-901号

こども きせつのぎょうじ絵じてん
1998年12月10日　初版発行
2009年12月10日　増補新装版発行
2019年 8 月20日　第2版発行

こども きせつのぎょうじ絵じてん　第2版
2019年8月20日　第1刷発行

編　者　三省堂編修所
発行者　株式会社三省堂　代表者 北口克彦
発行所　株式会社三省堂
〒101-8371 東京都千代田区神田三崎町二丁目22番14号
電話　編集(03)3230-9411　営業(03)3230-9412
https://www.sanseido.co.jp/
印刷所　三省堂印刷株式会社

落丁本・乱丁本はお取り替えいたします。
ISBN 978-4-385-14339-2〈2版ぎょうじ絵じてん・192pp.〉